和華
A Japan-China culture magazine
日中文化交流誌
vol 39

目次

特集 境界をこえる工藝
日中をむすぶ源流と未来

表紙／藍染和紙　藤森美恵子

大井川めんぱ大井屋　写真／青城

境界をこえる工藝

日中をむすぶ源流と未来

山や海の民と里の民が出会い、その境界に市が立ちます。物が交換され、祭りが始まり、工藝品が生まれました。

日本と中国の交流は、記録に残っているだけでも2000年近くになります。中国の少数民族と日本の神話や生活、文化の共通性を基にした照葉樹林文化論では、数千年から1万年を超えるスケールで繋がっていたことがわかります。

その共通の植物生態系の中で人々は移動し、出会い、文化を交流させてきたのです。照葉樹林文化が生み、伝えた工藝は、木の繊維で作った布、漆、和紙、藍染、竹細工など枚挙にいとまがありません。

さて、今回阿波の取材でつたで編んだ橋に出合いまし

奥祖谷二重かずら橋

た。橋が、前後、左右を行き来するためだけではなく、上下、すなわち天と人をつなぐ浮橋でもあったのは、いつの頃だったのでしょうか。橋は、空間をただ繋ぐものであっただけでなく、遥かな彼方へも繋げるものでした。

日本の神話では、神への捧げものとして工藝品が登場します。工藝品は、あちらとこちらの境界を意識すると見えてくるもののようです。

境界をこえることは、工藝をもっと大きな視点から捉え、未来を垣間見せてくれます。日本と中国の国境をこえる。悠久の日中の交流を辿り、歴史的時間をこえる。自然と人間をこえ、心と肉体、善と悪をこえた時、工藝が深く自然や人間の命の営為に関わっていることに気づきます。

中国の陰陽の考え方にも表れているように、自然と人間が相互に作用し、物事を生み出していく東洋的な考え方の中に工藝の未来もあるようです。日本と中国の工藝の現在を訪ねる中から、確かな希望が見えてきました。

企画監修／高橋克三

工藝の先駆者「忌部」の

阿波を訪ねて

文・写真／高橋克三

古代の日本の宮中祭祀を担当した忌部氏は、工藝の専門家たちを統括していたと言われます。祭事に必要な祭具や神への捧げ物である幣帛《へいはく》、麻、木綿（コウゾなどの樹皮の繊維で作った布）、衣服、武具、玉、鏡などを作る工人たちを率いていたのです。

　阿波忌部の子孫と伝えられる徳島県の三木家が、２０１９年の皇位継承に際して行われる宮中祭祀、大嘗祭で麻の織物「麁服《あらたえ》」を調達したことはまだ、記憶に新しい。三木家は大正、昭和、平成の皇位継承に際しても徳島県の奥深い山中で大麻を育て、糸を紡ぎ、布を織り、「麁服」として作り上げ、調達する役割を果たしました。１０００年前の「延喜式」には、大嘗祭の儀式に必要な「麁服」は、「阿波国の麻植《おえ》郡の忌部がつくる」と定められています。

　江戸時代の国学者、本居宣長は、かつてあった「カジノキなどの樹皮」を材料に布を織る技術が阿波で伝えられていると知った驚きを『玉勝間』に記しています。徳島県のこちらも山深い那賀町では、今でも太布《たふ》と言われるコウゾやカジノキなどの樹皮の繊維を糸にし、織って布にしたものが作られています。阿波、徳島県の山中には、まるで古代の日本が息づいているようです。

　衰退の途を転がるように落ちる日本の工藝を救うためには、小手先ではない壮大な発想の転換が必要です。「大事なことは、縄文時代からつながるアニミズムが、阿波には生きていることです」と忌部文化研究会の林博章さん（哲学博士。環境人類学）。林さんを阿波に訪ねることから、１０００年単位の時間軸の旅は始まった。「工藝とアニミズム」。きっとその先に何かがあると期待を込めて。

忌部文化研究会会長　林博章
哲学博士（Ph.D）

阿波人形浄瑠璃「傾城阿波の鳴門」

A trip to awanokuni

日本の背骨、中央構造線に沿って流れる阿波の吉野川。川の流れに心を託すと、忌部の歴史や藍の興亡が湧きあがってくるようです。

吉野川

山中に浮かぶ村

日本人の心の深層に残る縄文文化

はるかな記憶が日中を結ぶ

The Village Appearing on the Mountain

取材協力／林博章

徳島県の剣山系の山間部に平野部の人が「ソラ」と呼ぶ集落が200以上点在します。山の五合目以上の急傾斜面に、棚田・畑・果樹園・茶畑などがあり、人々が暮らしているのです。集落内の高低差は400メートル以上にも及ぶところもあるそうです。

「『ソラ世界』の大半が、標高100メートル前後〜700メートルまでのクス、シイ、カシ類が繁る照葉樹林帯です」と忌部文化研究会の林博章さんは指摘します。

照葉樹林帯は、ヒマラヤの中腹から中国の雲南省高地を経て長江流域、朝鮮半島南部から日本列島本州中央部に連なる共通の植物相を言います。地球儀を90度回すくらい離れているのに、雲南省の少数民族と日本人に文化の共通性が見られるというのが、照葉樹林をめぐる議論の一番の核心であり、夢をかきたてられる部分です。

林さんは「雲南省に視察に行くと、日本文化とそっくりなので、もうルーツはここしかないなと思いました。伊勢神宮は何で高床式なんですか？　中国の雲南省の少数民族の村では住居は高床式で、千木・鰹木、鳥居、注連縄の原形もあります。オコワや赤飯も売っていました。この地域でも赤飯は、祝い事の時に食べるものでした」。

阿波晩茶に似た発酵茶や工藝で

「ソラの世界」で今も栽培されるアワ

いえば蚕による糸づくりや藍、漆もあるそうです。

『ソラ世界』との共通性で一番注目しているのは、大きくは焼畑文化。アワやヒエやそばなどの雑穀栽培と根菜や木の実の水さらしの技術です。縄文時代からつながる原始的なやり方ですが、自然と共生する智慧と、あく抜きや脱穀などの道具や器の発明を、稲作は前提にしています」。この段階があって初めて稲作がスムーズに受け入れられたのだと林さんは言います。最初は、山間の谷筋の水が出るところに棚田をつくり、堤防などで水をコントロールできるようになると稲作が平野に降りていきます。

『ソラ世界』は、何がすごいかというと、採取から栽培への移り変わりと、農業の伝播から発展へ至る3000年の歴史が全部たどれるところです。現在、焼畑は行われていませんが、ここには縄文が、アニミズムが生きているのです」。

死んだら魂は故郷の山に登るという、日本人の「山上他界」の考え方は、焼畑文化の記憶なのかもしれない。榊や神事に用いられる木は全部照葉樹林です。

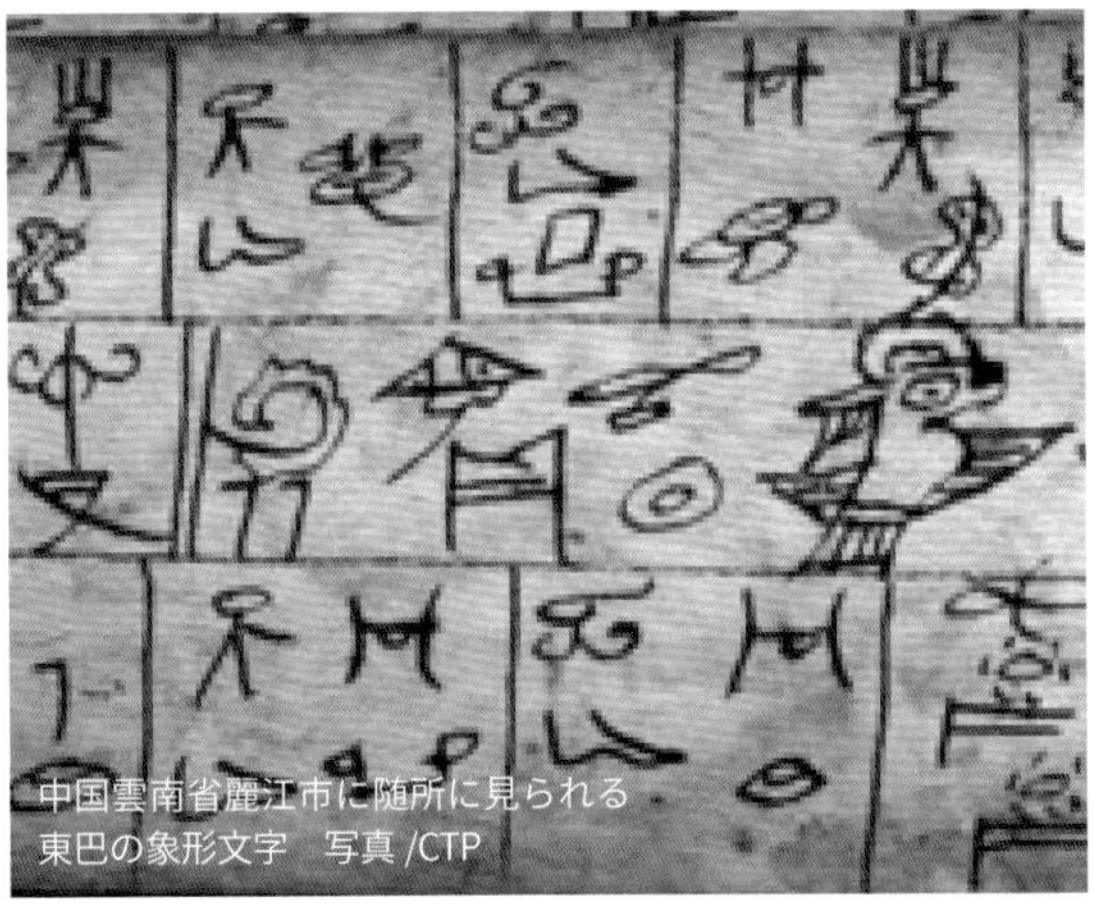

中国雲南省麗江市に随所に見られる
東巴の象形文字　写真/CTP

雲南省迪慶シャングリラ県ナシ族
2月8日の祭り　写真/CTP

人はその次 まず自然に還す

「神さまを喜ばせるために、最上のものを捧げたいという思いが、日本のもの作りの魂になったわけです。代表的な話に天岩屋戸《あまのいわやと》神話があります。太陽がお隠れになって、だから何とかして太陽を復活しなければいけないということで、天鈿女命《あめのうずめのみこと》が舞い、鏡と玉、そして麻布の青和幣、木綿《ゆう》の白和幣を捧げて、忌部の祖先の天太玉命《あめのふとだまのみこと》が祈るのですが、これが、日本の芸能と工藝の始まりだと思うのです」。

日本の工藝を考えるのに、どうして阿波の「ソラの世界」を訪ねる必要があるのかとの問いに、忌部文化研究会の林博章さんは、こう語りだしました。

「『ソラの世界』は、巨樹を中心に集落が構成されています。大きな木の周りに森ができ、その前に人が集まれる広場があったりします。巨樹より高い建物は作らない。だからその辺りの風景を見ますと、大きな木に生かされているというか、自然優

Return to nature frist, then consider human

工藝の原点は神様を喜ばすこと

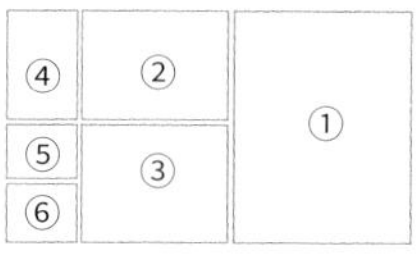

①「三宮さん」と呼ばれる榎の巨樹。地神さん、観音さん、大師さんと呼ぶ祠が並ぶ②御堂③三宮さんの森の前の広場④メンヒル⑤穀の葉神紋⑥御所神社

位の思想が息づいているのです」。

そして人間が喜ぶものを第一とすることを一旦立ち止まって考えてみよう、と続けます。

「神さまっていうのは何かというと自然なんです。自然（神）を喜ばすっていう考え方が今の日本人には抜けて、いや、忘れてしまったのです」。

集落の中心には、必ず三方開きの御堂があります。そこは「ウェルカムモード」の集会所なのです。ここでは、念仏踊りや護摩焚き、数珠廻しなどの地域行事が行われるだけでなく、山の霊場としても機能していて、お遍路さんのお接待も行われます。

「行き倒れになった人を今でもまつるんですよ」。この辺りの人が、自分の先祖の墓の隣で今でも無縁仏を一緒に供養するのを見て、本当に感動したと林さんは話します。

巨樹の根元には、アニミズム信仰による小祠、仏教の板碑、豊穣祝う地神さんも祀られています。縄文系のメンヒル（立石）も残されています。縄文のアニミズムから、仏教、神道など3000年の信仰が息づいているのです。「ソラの世界」にあるつるぎ町吉良の「忌部神社」（五所神社）の紋幕に木綿《ゆう》を作る穀《かじ》の葉が、藍で染められているのが、感慨深い。

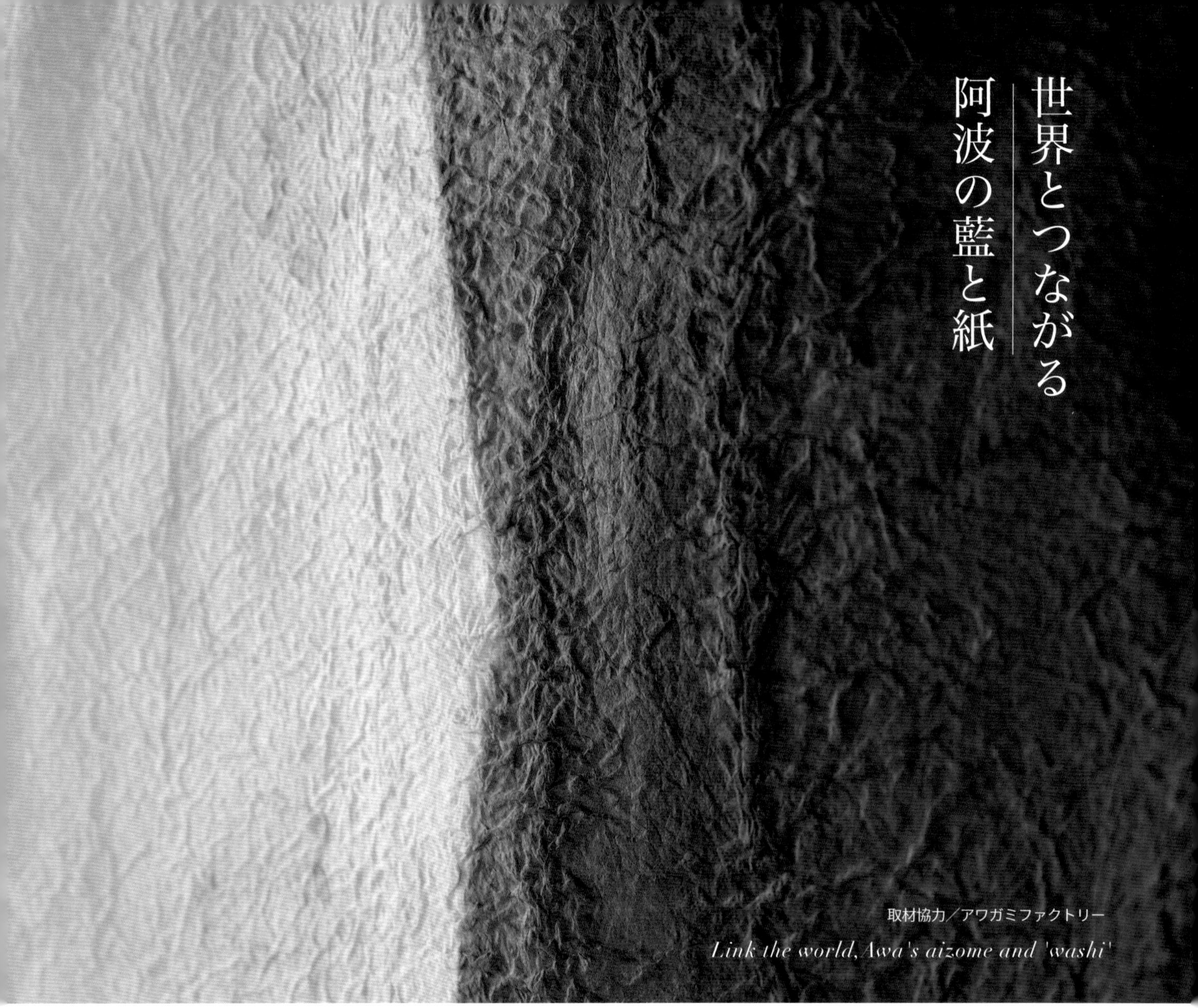

世界とつながる阿波の藍と紙

取材協力／アワガミファクトリー

Link the world, Awa's aizome and 'washi'

もう一つのなぜ阿波か

世界から注目される藍染和紙と和紙の企業が阿波にあります。

19世紀半ばに安く染めやすいインド藍が輸入されたこと、20世紀の初めに合成藍が発明されたことなどで、日本の藍、特に阿波の藍は大きな打撃を受けます。また、19世紀の中頃に木材パルプが発明され、19世紀末には日本にも近代的製紙工場ができます。そして戦後、障子や和服のある生活が衰退し、和紙製造も大きな打撃を受けます。

自然藍も手漉きの和紙も、近代化によって私たちの生活の中や産業はすでに答えが出てしまったと思われていました。しかしそんな常識を打ち破り、世界から注目される自然藍と和紙の企業が、徳島県の阿波にあるというのです。

その企業名は、「アワガミファクトリー」。吉野川を河口より少し遡った徳島県吉野川市山川町にあります。和紙の製造にはきれいな水が豊富に使え、原料のカジやコウゾが近くの山野にたくさん生育していることが大切な条件になりますが、木綿麻山《ゆうまやま》の別名を持つ高越《こうつ》山のふもとにあり、吉野川の支流、川田川の伏流水を使えるこの場所はまさに適地といえます。和紙の原料であるカジやコウゾで木綿《ゆう》は作られます。こちらにも古い忌部神社があり、木綿と麻に深いかかわりを持つ忌部の歴史を考えると、この地では、古代から和紙が作られていたことが分かります。

古代と世界がつながる

アワガミファクトリーを訪ねると二つのことに驚かされます。一つは、和紙作りのワークショップを受けて

③ ② ①

①藍染和紙（染め師 藤森美恵子）
②川田川（吉野川にそそぐ）
③藍染和紙（染め師 藤森美恵子）

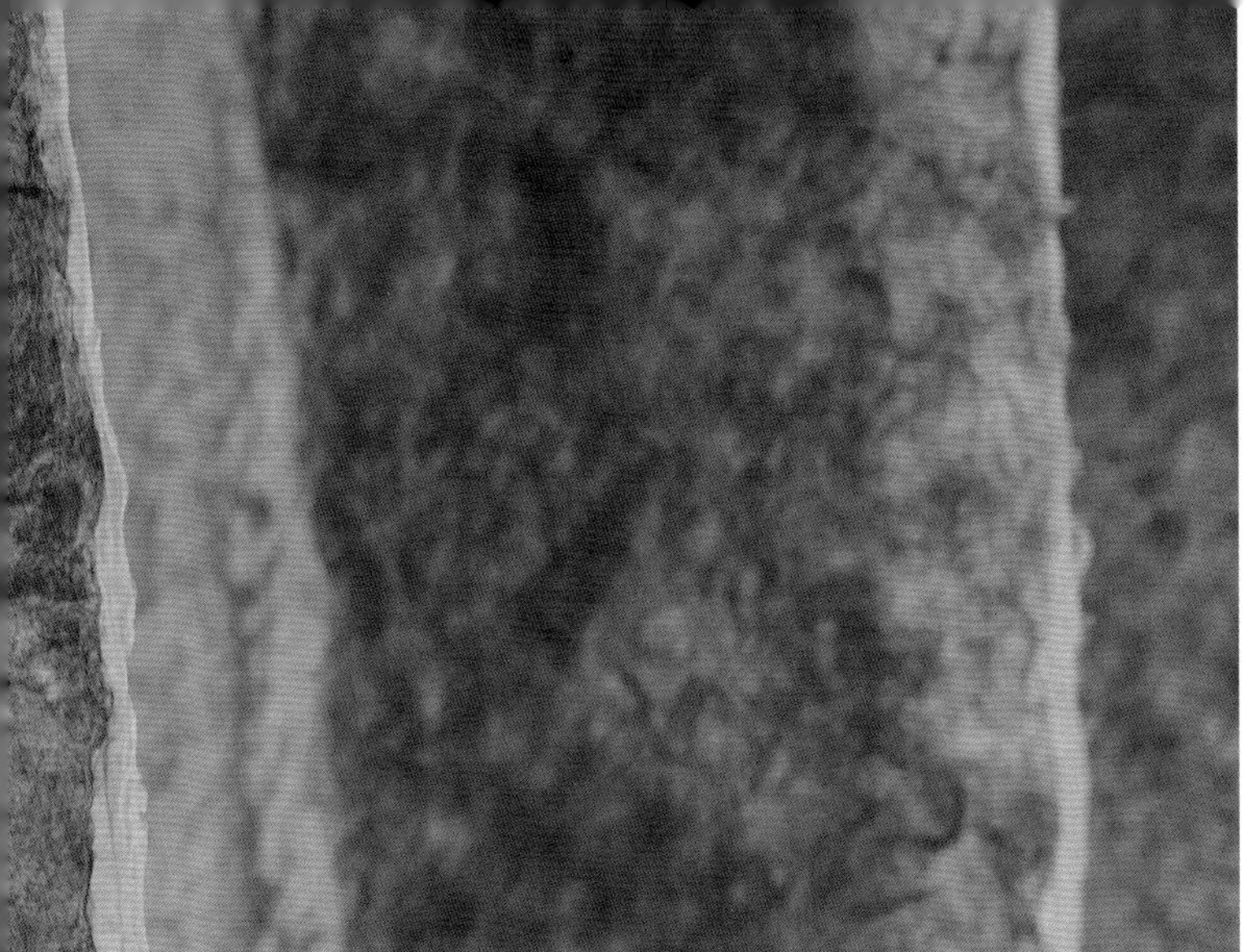

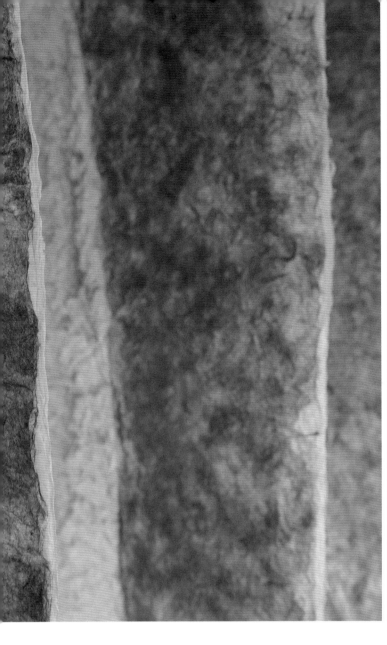

いる人たちにアメリカ人など外国人が多いこと。それも観光体験ではなく、明らかに和紙という材質へのアプローチであること。もう一つは、アーティストが作品制作のことでファクトリーのスタッフに相談し、スタッフが的確なアドバイスを与えていること。そこには、伝統工藝を保護して守るという姿勢はない。あくまでもその可能性を信じる積極性が伝わってきます。

　芸術における表現と材質の関係は、作品の意味や感情、美的価値を伝えるための重要な要素です。材質は、芸術家が自分のアイデアや感情を具現化するための媒体であり、選択した材質は作品の意味や視覚的な印象に大きな影響を与えます。

　アワガミファクトリーは、伝統工芸としてつきつめているからこそ分かる和紙という材質の特徴や限界を、可能性として追求しています。ライフスタイルの変化を理由にして伝統工芸の材質や表現を諦めていく方向とは真逆の姿勢です。

　材質は作品の視覚的な効果にも大きな影響を与えます。色や質感、光沢などの材質の特性は、作品の外見や見た目に影響を与えます。

　また、特定の材質は歴史的な文脈や文化的な意味を持つことがあります。芸術家が伝統的な材質を使用することで、特定の文化や時代への敬意を示したり、作品を歴史的な継承と結びつけることができるのです。

　でも、これがアートという分野だけでなくビジネスでも実現していることがこの企業のすごさです。

アワガミファクトリーは高越山のふもとにある

世界を幸せにする
藍の普遍性

取材協力／藤森美恵子

The reach of Aizome, making world better place.

「たぶん先代の頃だと思います。主人の父親です」。

藍染の和紙を始めたのはいつ頃ですかの問いに、答えてくれたアワガミファクトリーの藤森美恵子さん。藍染和紙の技術継承者です。

「私が嫁ぐちょっと前ぐらいですから、50年くらい前でしょうか。和紙はこのままでは険しいといって、研究を始めたのです」。

江戸時代から続く、手漉き和紙の作り手の6代目であった先代は、科学や機械が好きで、とても研究熱心な人だったそうです。

「この辺りにたくさんあった手漉き和紙をやっている家がほとんどなくなってしまって、何かせないかんとまず始めたのが色物の民藝紙。染料を使った無地の和紙です。それが飛ぶように売れた。

日本が高度経済成長に入った1960〜1970年代にかけて日本の伝統文化が失われていく中で、再発見の機運が民藝ブームという消費に現れたのです。

「その次が、藍染の和紙です。藍は、徳島が全国一盛んでしたから、スクモと言われる藍の葉を発酵した藍染のもとづくりも残っていて、それを使って、和紙を染めようとしたみたいです。でも簡単ではない」。

藍染は、薄い染めを何回も重ねていって色を濃くしていくため、和紙を何度も

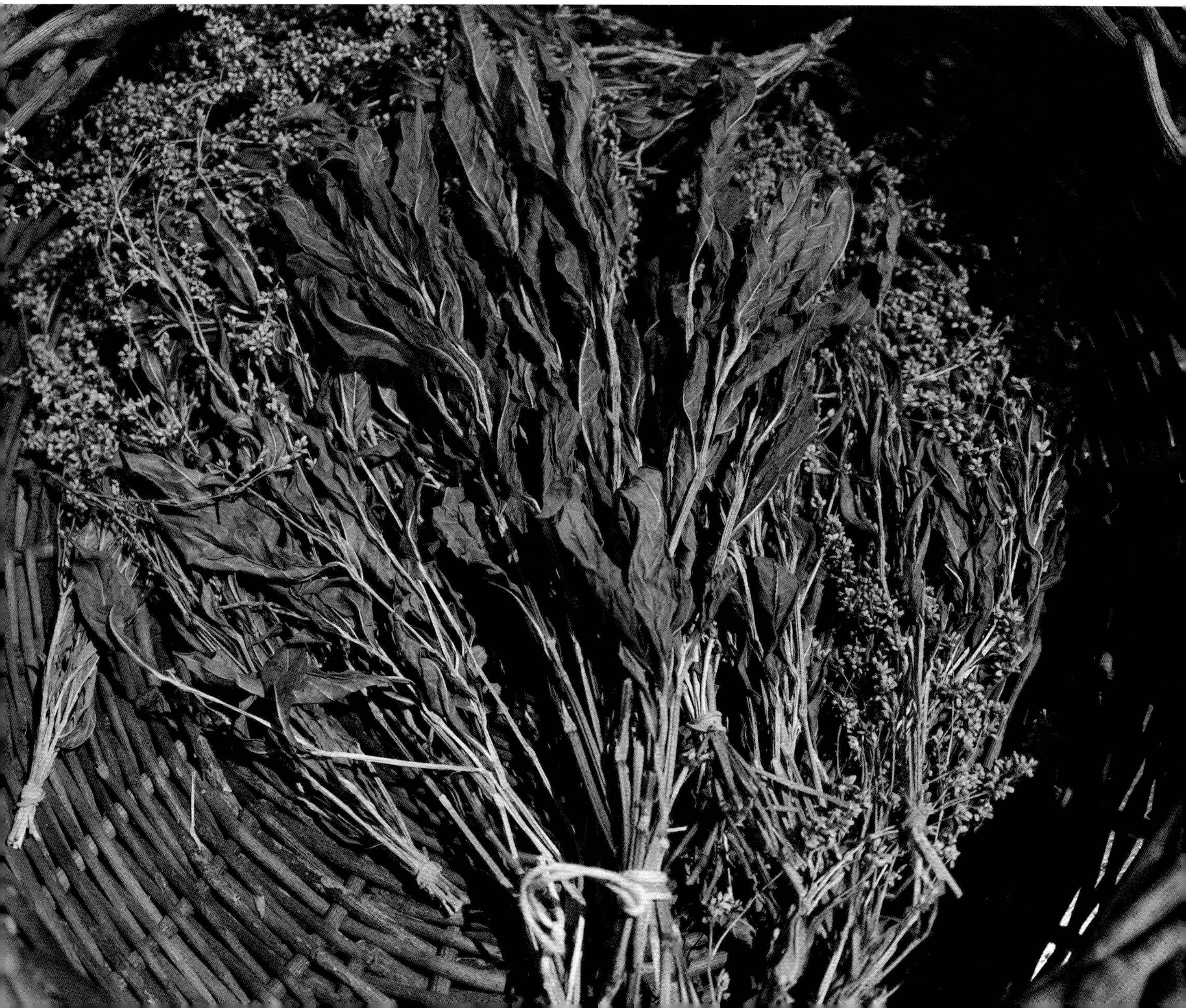

水につけることになり、布と違い、くずれてしまう危険性があるのです。

「紙は、字を書いたり、絵を描いたりする用途もあるので、平らである必要があります。先代は、スクモを使う藍染では、アルカリ液が重要な働きをすることに目をつけて、こんにゃく芋からつくった糊の液を和紙に塗る方法を採ります。こんにゃくってアルカリで固まるでしょ。和紙がとても強くなるのです」。

藍染和紙の復刻には、色々な工夫が重ねられていたのです。「でも、実際に手を動かして藍染の和紙を実現したのは、主人の母親、義母です。私も教えてもらいました。義母は、和服で使われる板締め染めとか、様々な染模様のある和紙を作り出します。東京などで見たものを、和紙ならどうなるかといつも考えていたみたいで、今でも人気のある小物も作り出しました」と藤森さん。

ジャパンブルーとして、1985年の国際科学博覧会の迎賓館に使用されるなど、藍染和紙は壁紙などインテリアにも可能性を広げていきます。新しい問題が続々と現れる現実世界の変化に絶え間なく挑戦していくことが、普遍性につながる証ともいえる話です。

①藍の葉を乾燥したもの ②緑の部分が空気に触れ青に変化する ③麻を混ぜ皮のように丈夫にした和紙で作ったバック ④2年に1度開かれる「アワガミ国際ミニプリント展」。2021年には世界58カ国1821点の作品が展示された

染め師の藤森美恵子さん

取材協力／中島茂之

和紙という個性を生かす

Pushing the boundaries of 'washi' uniqueness.

「先代の藤森は戦後、阿波和紙の手漉きの作り手がほとんどなくなってしまった時、多分二つの道を考えたと思う」とアワガミファクトリーの中島茂之さん（富士製紙企業組合専務理事）は話します。

「細々とですが、ものすごく良い紙を黙々と作っていくという個人家業と、もう一つは、元々紙漉きさんをやっていた人たちも残っていたので、法人として、ちゃんと需要に応える供給体制をつくるという二つです」。

後者の法人化の道を選んだ時、伝統工藝に関してもしっかりと考えがまとまっていったようだと中島さんは続けます。

「伝統工藝の伝統は、守るのが大変ですという話になりがちですが、そもそも守ってばかりいるとなくなると思います。その時代に合わせて、いろいろな需要や用途に合わせて変わらなければいけないのが伝統だと思います。もちろん、根幹の和紙の特長は守らないといけないと思いますが」。

和紙は今、世界から注目されていることが二つあります。一つは、美術などの修復紙としてです。洋紙と比べて和紙は、原料になる繊維が何倍も長いので、とても薄く丈夫な紙を作ることができ、劣化の原因となるリグニンや残留化学物質が少なく、修復紙として最適なのです。でも、世界の美術館が修復紙として和紙を求めるようになったのは、意外と新しく、１９６０〜１９８０年代以降です。

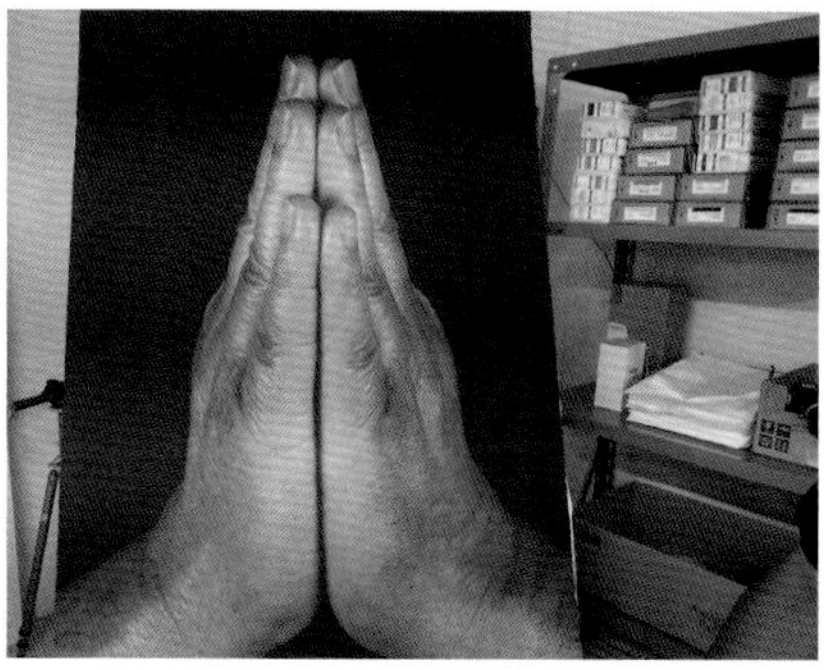

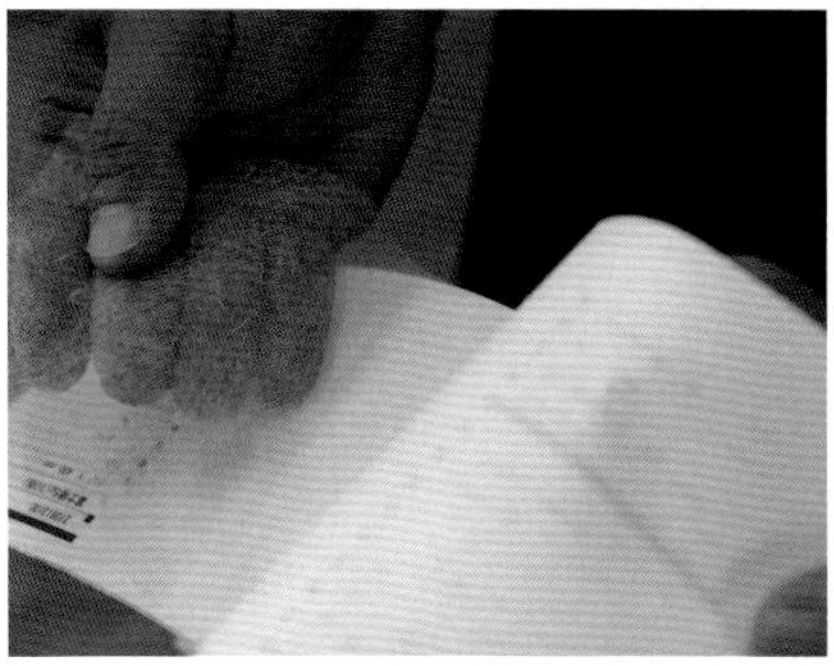

もう一つ注目されている理由は、インクジェットプリントが可能な和紙の普及です。ヨーロッパで新しい美術表現の方法としてインクジェットプリンターに対応した版画用紙が開発されるのは1990年代です。和紙での開発がとても待たれていました。

「今の代表の藤森はお客さんの用途にあったものをどんなものでも、断らずに、作っていきました。その技術蓄積と情報網が今につながります」と中島さん。

日本の和紙は、ピカソの時代からヨーロッパで版画用紙として重用されていました。和紙専門の商社もあるくらいです。今から40年前、アワガミファクトリーは和紙の見本帳を作り、海外への直接輸出を始めます。ちょうど、修復紙としての和紙への注目と重なっています。また、海外の修復家や海外の美大で版画などアートを教える先生を主な対象とした和紙研修会を同時に毎年夏に阿波山川で始めます。

そして、アワガミ・インクジェット・ペーパーという、版画だけでなく写真の分野でも表現に深みを増し、独自のアートの領域を確立する和紙を20年前に開発します。今ではヨーロッパやアメリカ、東南アジアなど世界60カ国と取引しているのだそうです。

③ ② ①
⑥ ⑤ ④

⑦

①アワガミ・インクジェット・ペーパー ②手漉き ③機械漉き ④富士製紙企業組合専務理事の中島茂之さん ⑤海外への発送を待つ荷物 ⑥透けるほど薄い修復紙のサンプル ⑦コウゾの葉（アワガミファクトリー農園）

アワガミファクトリー

〒 779-3401
徳島県吉野川市山川町川東 141
http://www.awagami.or.jp

春の神さまは遊山箱とともに降りてくる

Goddess of spring,
descending with 'yusan-bako'.

遊山箱は普通の重箱の半分ほどの大きさ

子どもの節句と言えばひな祭と端午の節句に分かれるのが一般的ですが、徳島では男の子も女の子も桃の節句の日に（といっても旧暦だから四月三日に）、子どもたちだけで山や浜にお弁当を持って遊びに行く風習がありました。

「子どもたちは、めいめい遊山箱《ゆさんばこ》という三段のお重が入る小さなお弁当箱を持って出かけるのです。母が、手作りの巻きずしや、煮しめ、茹で卵などを入れてくれます」とウインドウに飾られた遊山箱について「漆器蔵いちかわ」店主の橋本貴子さんが子どもの頃の思い出を話してくれました。

「今と違ってね、冬は厳しくて、本当に身を切るような冷たさでした。その中でね、川の水がぬるみ、陽だまりの中でスミレが咲き、春風が感じられる頃になると、母が夜なべをしてごちそうを作り始めるのです。ゆで卵の一部をへこませてそこに食紅をつけて、真っ白なすもの花と黄緑色の

取材協力／橋本貴子

漆器蔵いちかわ店主の橋本貴子さん

葉っぱがついてる小枝を、母は添えてくれました」。

そして近所の子どもたちが連れ立って、その村で遊山山とされている近くの山に登って遊びます。地区の違う子どものグループも同じように登ってきて、遊び声が林を通して聞こえてきたそうです。

後年、娘さんができた時に、橋本さんはこの楽しい記憶を娘にも体験させたいと遊山箱を探したのですが、既に手に入らなくなっていることに気づきます。

「色々動き、徳島で行なわれた2007年の国民文化祭でも取り上げられ、多くの人に助けてもらうなど、遊山箱の復活は少しですが達成されてきているのですが、その文化的意味に改めて気づかされています」。

遊山箱は、とても小さい。子どもたちは度々家に走り帰ってきてごちそうを詰め直してもらいます。地域によっては、どこの家に行ってもご馳走をつめてもらえるのです。里では、子どもたちが神隠しにあわないように安全の確認をしているのです。

そして、遊山山には田んぼの神様がいて、山と里を行き来する子どもたちについて里に降りて、田おこしが始まり、大人たちは、その日は身を潔めるために仕事をせずに家にいました。阿波の文化は深い。

①
②

①遊山箱　阿波踊りを踊る雀
②阿波人形浄瑠璃　三番叟

漆器蔵いちかわ

〒 770-0914 徳島県徳島市籠屋町 1-1
Tel/Fax 088-652-6657
mail:urushi4@gmail.com
https://www.ichikawa-yusanbako.com

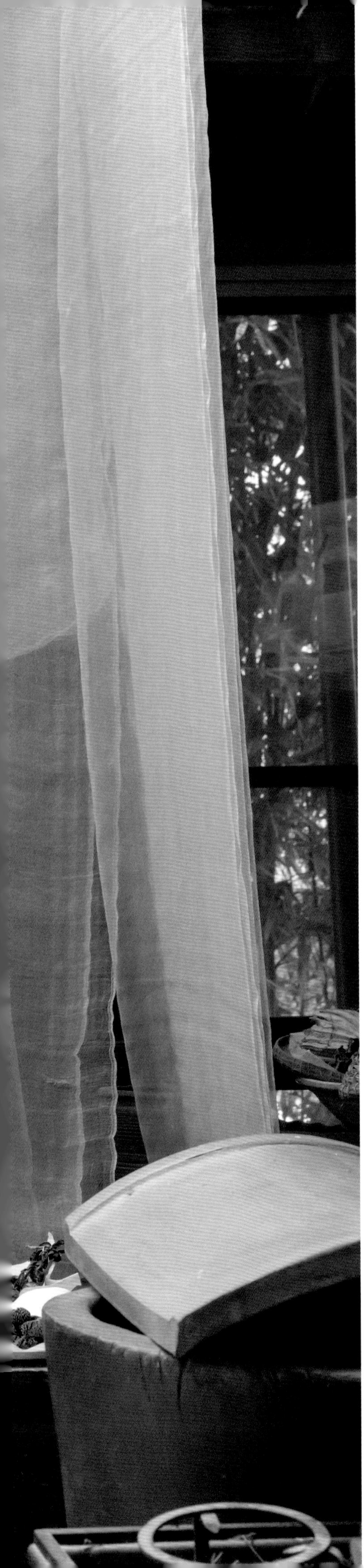

天平時代の色を生み出す「自然染」の染司よしおか

京都伏見の鏡月橋の近くに「染司よしおか」の工房はあった。この辺りは造り酒屋も多く、いい水脈がある。「染司よしおか」でもすべて井戸水を使い染色している。工房のなかでは6代目当主吉岡更紗氏が中心となり、貴重な材料と大変な時間をかけて古の日本の美しい色を生み出していた。

構成・文／高谷治美　撮影／竹田武史
写真提供／染司よしおか（P.23お店の外観と内観）

伏見区宇治川のほとりにある「染司よしおか」の付近は水運も発達した要衝の地として栄えた。6代目当主更紗氏の祖父の頃は水道水だったが5代目の父が継いだとき井戸を堀り当て、工房は井戸水を使用している。「井戸水は冬は暖かく夏は冷たく感じるのでありがたいです」と更紗氏

吉岡 更紗　よしおかさらさ

「染司よしおか」6代目当主。服飾デザイン会社勤務を経て愛媛のシルク博物館で染織の学びを経て、2008年より200年以上続く染色工房「染司よしおか」で染織作品の制作を始める。2019年父・吉岡幸雄の急逝を受け6代目当主を務める。

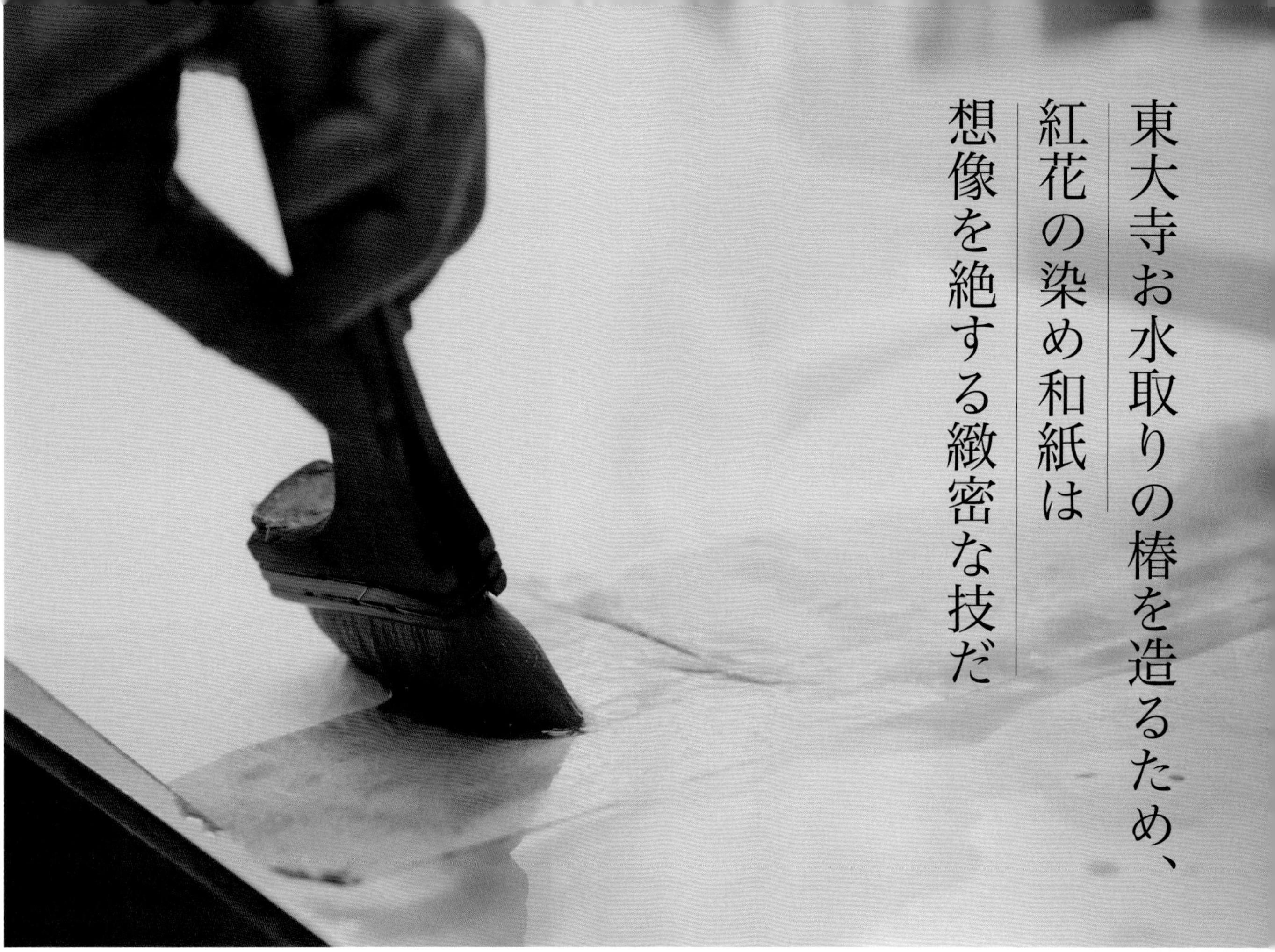

東大寺お水取りの椿を造るため、紅花の染め和紙は想像を絶する緻密な技だ

ふさわしい赤になるように納めている

昔ながらの佇まいの工房にお邪魔をすると、60年近くこの場を担う熟練の染師と6代当主吉岡更紗氏が仕事をしていた。更紗氏は紅花で作った赤の泥を薄めたものを刷毛に含ませ、和紙の上をすーっと上下に動かして染めていた。「工房は歳時記のように進み常に慌ただしく1年が過ぎます」と語る。

年が明けると奈良東大寺二月堂でおこなわれる修二会（お水取り）秘仏十一面観音に捧げる椿の造花の染色作業が始まる。その行法は752年に始まり、今日まで1回たりとも休まず行なわれている。「伝統的な行事に関わる仕事はやめるわけにはいきません」と。社寺からの依頼は緊張感を保ちながら先人の残した手技を尊ぶ仕事だ。紅花から色を汲み出して染める。それは現代の私たちが忘れかけている色ではないか。日本の色を極める更紗氏の人生に敬服した。

このように、「染司よしおか」は東大寺のお水取りの染め和紙の仕事のほか、薬師寺の「花会式」で使われる染め和紙、石清水八幡宮の供花神石清水八幡宮の供花神饌など厳かな社寺の三本柱を天平時代の色彩植物染で再現している。

②	①

①泥状の赤の色素を薄めて刷毛で塗っていく②東大寺のお水取り用に赤で染めた和紙を 60 枚作る

①東大寺の修二会期間中、二月堂本堂の十一面観音菩薩へ供えられる椿の造花。紅やクチナシで染めた和紙を納める ②乾燥させた紅花の花びらから色素を抽出する。花が持つ黄色の色素を水の中でもみ洗いして流し、アルカリ性の灰汁（あく）や酸性の米酢を加えるなどして赤の濃度を上げていく ③この工程を数日間にわたって何度も繰り返し、縦 49 センチ、横 39 センチの和紙に 5、6 回重ね塗りする

紅花で染めた椿は
日本文化を残す祈りのよう

東大寺に納める椿の花びらは、紅花で染められるので、その工程はおよそ1年の時を要する。紅花は三重県伊賀市で貴重に育てられ、7月頭頃に咲いたら摘む。とげがあるので手が痛くなる。それをむしろに広げて乾燥すれば赤くなってくる。「とても美しい椿らしい色は出せても退色しやすいのが紅花なんです。万葉集の歌からもわかります」〈くれなゐはうつろふものそつるはみのなれにしきぬになほしかめやも〉『万葉集』（巻十八）

花びらは渇いてもすぐに染料にはできない。「寒の紅花といわれ、昔から寒ければ寒いほど、きれいに色が出るのです」と。同じ頃、紅花を輝かせるのに欠かせない烏梅造りも行なう。10月、稲ワラを大量に燃やして灰を作るのは紅花から色を抽出させる液を作るためだ。そして、貴重な紅花から取った泥状のものを水で薄め、刷毛に含ませ塗っていく。白い和紙に赤をひいては干し、またひいては干して染めてを繰り返し60枚を染める。なんて手間のかかる作業なのだろう。「今年は7回塗りました」と更紗氏。それにしても、出来上がった紙は深い赤の色を湛えている。

世界へ繋ぐ植物染めの美を
未来色に満たして

古典を尊重し、今に活かす
インスタレーション

更紗氏のところには、最近建築系の仕事依頼が多い。「ホテルの演出に日本の色を表わして欲しい」、外国人がトランジットに使う空港に、「日本の美しい色を」と、冬春・夏秋と入れ替えられる情景を大空間で演出して欲しいなど。お客さんからはどのシーズンも楽しめる構成だと好評だ。たとえば、糸を染めて組紐にしたもので虹を表わし、「色の雨」が落ち、ガラスの花も咲くようなインスタレーション。実は、植物染めの染織家とうたわれているが、更紗氏はさまざまなチャレンジを重ねる。

かつて、先代がイギリスの「ヴィクトリア&アルバートミュージアム」に「染司よしおか」が作った『日本の色』を納めたが、英国が日本の色に見初めたように、世界からも熱い視線が注がれている。

よしおかの伝統はモダンと相性がいいのではないか。ローカルに根ざしていながら、グローバルな展開に未来が感じられる。染織仕事はさまざまな可能性がある。

貴重な紅花は日本ではわずか。
大半は中国からの輸入に頼る

紅花はもともとは、シルクロードを東に進み、中国に行き日本にも伝わったといわれており、三重県伊賀市辺りが一番良く育つ場所だ。しかし、現在は収穫できて10～20キロだそう。前述した東大寺に納める椿の造り花用の和紙は1枚濃い色にするには、1キロ使う計算。60枚納めるとしたら諸々考えても最低100キロ位必要なので80キロ位は中国産の紅花を輸入している。「高貴な色はおのずと貴重な色」と更紗氏。

また、いろいろな染色方法が、日本で発明されたわけではなく、中国で発明され、染色の技術から言えば既に2000年以上も前に確立している。エジプト、インド、中国にしても高度な染色技術を持っていたし、中国で発達した染色技術がシルクロードを通り伝わっている。「紅花も、3世紀頃日本でも育てられるようになったのではないかともいわれていますが、実は中国を通じて伝わりました。漢方薬も、中国が一番多いですね。染色に使う人はあま

紅花は、咲いているときは黄色、
渇くと赤くなってくる

染司よしおか 京都店

京都市東山区西之町 206-1
TEL075-525-2580
営業時間 10 時～ 18 時
定休日 水曜日 / 夏期休暇・年末年始 .
HP https://www.sachio-yoshioka.com/

りいませんが。それにしても、あれだけの紅花の量を調達できるのでありがたいのです」。

植物染の美しい色彩に彩られた品々を購入できる店

四季それぞれに移り変わる自然の美しい色彩を身近に引き寄せてくれるのが、「染司よしおか 京都店」だ。植物染めの魅力は化学染料と違い肌にやさしくなじむ。

「植物染めといったら、くすんだ色かと思う人も多いのですが、なんでこんなに艶やかで鮮やかな色がだせるのだろうかと感動に変わります」と更紗氏。それは、いい材料で手間をかけて染めていくからだ。

色、布、デザインの全てが合わさって、天然素材の持つ美しさが最大限に引き出される。

生絹のストールは季節の移り変わりを細やかに表現でき、透明感と華やかさを演出する。ファッションにもインテリアとしても存在感があるだろう。

社寺の仕事がめまぐるしく回るなか、更紗氏は商品を作る染めもおこない、展覧会の準備や商品開発、注文品の相談で多忙を極める。それでもお店にも出ているそうだ。これまでの先達が刻まれてきた歴史を受け継いだ6代目が新しいやり方で時代の扉をを開けている。

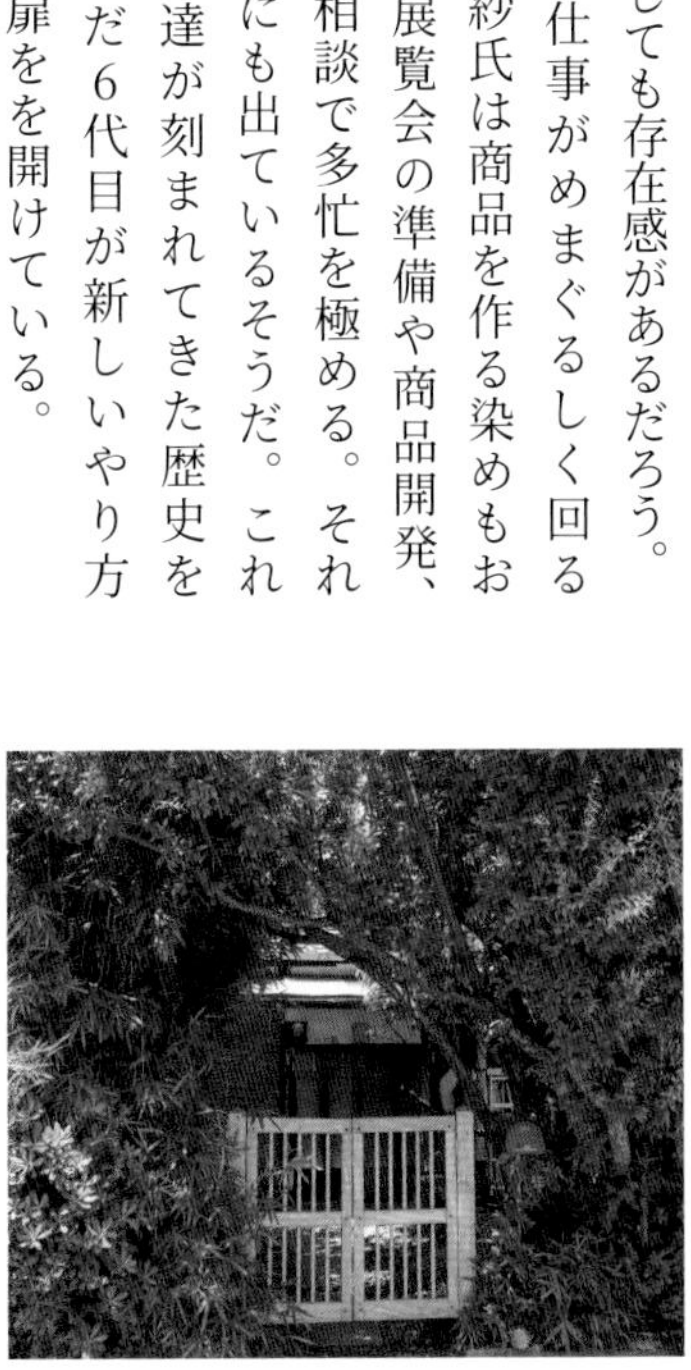

江戸時代後期に京都で創業した「染司よしおか」の工房。祖父、父の代から日本古来の植物染の再興に挑戦してきた場だ

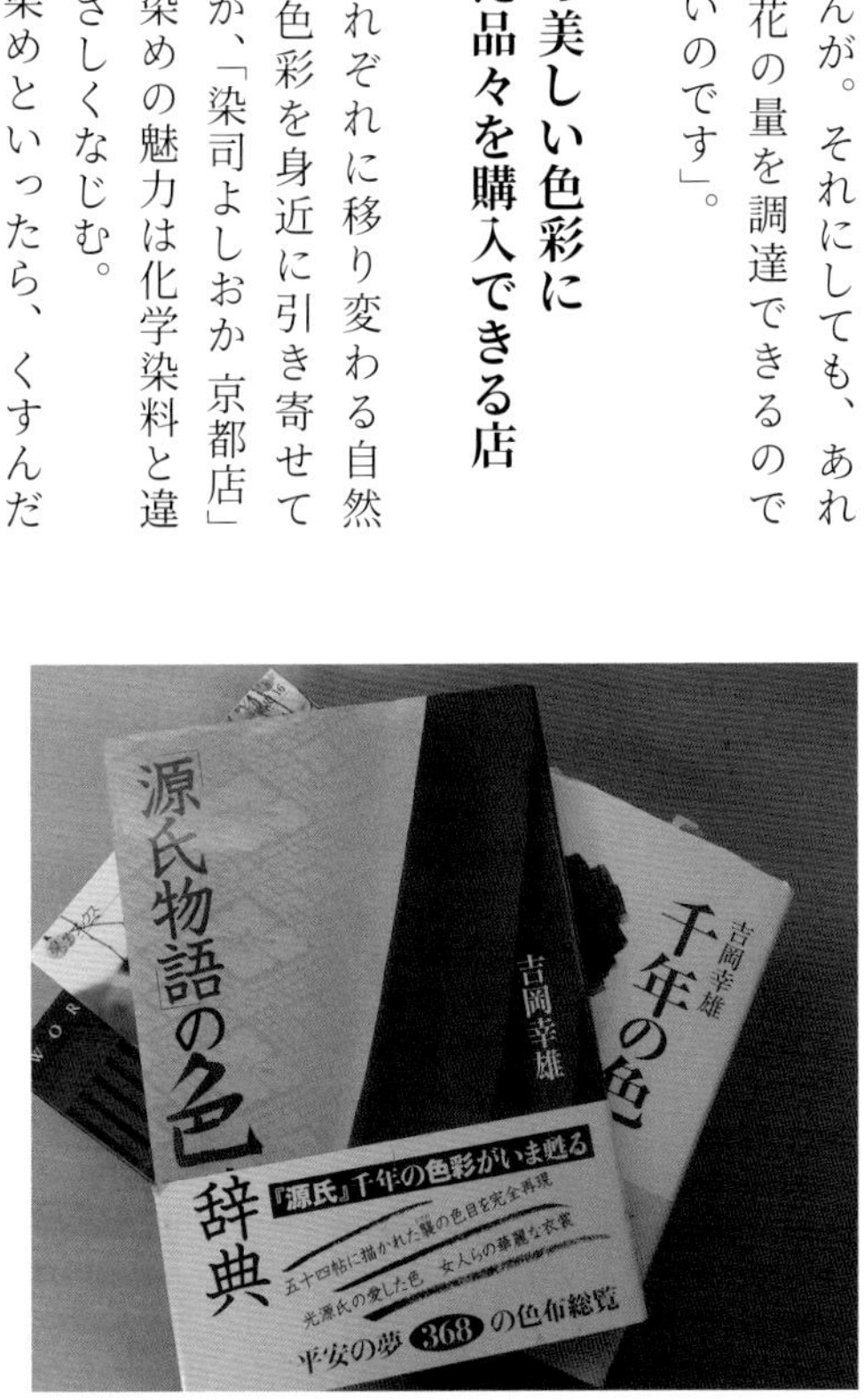

父（5 代目）吉岡幸雄氏は染色の歴史を研究し、古典に学び植物染を復活させた。特に、『源氏物語』は平安王朝では自然の色彩の細やかな移ろいをそのまま装束に取り込み、歌に詠んでいることなどを著書で残されている。6 代目更紗氏も、古い文献を読み、過去の作品の色を観察している

日本五大銘仙の一つ
秩父銘仙

取材協力／埼玉県秩父地域振興センター　観光振興・産業労働担当部長　池田英樹
ちちぶ銘仙館、秩父銘仙協同組合理事長　野澤功一
文／井上正順　撮影／青城

秩父銘仙が生まれた歴史

秩父は山に囲まれた盆地であり、また市内に荒川が通っているため水田が作れず、稲作に向かない地域であった。この地域の発展と人々の成長を支えてきた伝統的な産業は養蚕業であり、織物業である。これは古代の崇神《すじん》天皇が国造りとして任命した「知知夫彦命《ちちぶひこのみこと》」が秩父地域にこれらの技術を伝えたことが始まりとされている。朝廷に献上したり、鎌倉幕府関東武士軍の旗指物として用いられたのだ。南蛮渡来の布地である「シマ物」の製織に成功したことが現在の秩父銘仙につながっている。

その後、幕府の衣冠束帯《いかんそくたい》の正服に「根古屋《ねごや》絹」が採用されたことで、「裏地は根古屋」という評判が広がり、秩父は裏絹の産地として、江戸以外にも京都などの関西織物問屋とも関係が深くなり、消費は一気に全国に広がりを見せることに。一方、江戸の庶民の間では、歌舞伎役者が着こなした璃寛縞《りかんじま》や顯割縞《かいわれじま》などの粋な着物が大流行したので、秩父ではこのような縞柄を繭玉の丈夫な糸や、規格外の繭＝クズ糸を使い「太織」と呼ばれる野良着を生産した。江戸の庶民の間で秩父絹の太織は「鬼秩父」と呼ばれ、粋で堅固な絹織物として江戸っ子の心を掴

んでいた。

このように「お金持ちの普段着・庶民のおめかし着」と呼ばれるようになった銘仙は全国に普及され、また各地域ごとに発展を遂げた。

特徴はほぐし捺染《なっせん》

秩父地域出身の坂本宗太郎氏に「ほぐし捺染とは明治41年に特許が取得された技法である」と聞いた。そろえた経糸に粗く緯糸を仮織し、そこに型染めをして製織する技法だ。糸に型染めをするため、表裏が同じように染色され、裏表のない生地ができあがる。そのため、色彩豊かな大柄の模様銘仙が作られるようになったそうだ。

秩父銘仙は自然に恵まれた土地らしく、草木を図案化した植物柄、特に花柄模様を得意とし、銘仙の特徴である大きな柄を配した模様銘仙を数多く発表している。見る角度により玉虫色に変化する織地もその特徴の一つであり、これは縦糸と横糸に補色（色相関での反対色）を使用することで得られる効果だ。秩父銘仙は畳まれているときは一見地味に見える着物だが、人間の体に纏い、光が入って初めて立体感が出る着物とに言われている。

「ちちぶ銘仙館」を起点に 秩父銘仙の魅力を発信

秩父銘仙の後継者問題

　伝統工藝が盛んな地域はいずれも、後継者問題に直面している。秩父銘仙も例外ではない。ピーク時は秩父だけで年間２４０万反も生産し、秩父の一大基幹産業にまで発展。市内に構える織物工場は、大正時代のピーク時には５００~６００軒もあり、人口の約7割が織物に携わっていた。

　しかし、戦後に着物離れが進み、銘仙ニーズの下火も顕著に。１９９６年には捺染工場の事業部門が撤退し、織物製造業者は捺染、整理部門を他の産地に頼らざるを得ない事態となる。

　１９９８年には埼玉県繊維工業試験場秩父市場が廃止され、原糸、整織に関する検査、研究方法が狭められるなど、織物産地としての損失は絶大なものとなった。今では市内に構える秩父銘仙の旗屋は4軒しか残っていない。

　秩父銘仙を作るにあたり、養蚕から製糸、糸操から仮織、型彫り、捺染から蒸熱、製織など様々な行程が必要であり、いずれか一つが欠けても秩父銘仙は完成しない。コロナ禍には市内で唯一のほぐし捺染専門の加工場が閉鎖され、整理工程は県外に外注するしかない状況が続いた。

　また、対外販売に入るべき問屋がおらず、販促に繋がる対外ＰＲから販売まで全ての作業を旗屋が担わなければいけないことも大きな問題である。この現状を解決するには秩父銘仙の露出度を増やしてニーズを向上させること、また後継者を増やすことが必要となってくる。

　取っ掛かりとして、県内外で行われる展示会や工芸品紹介のイベントで、秩父銘仙を紹介。秩父市内の旅館とコラボして女将に秩父銘仙の着物を着てもらう。

　また、銘仙を使った生活用品の開発や、秩父市の姉妹都市である北欧スウェーデンのシェレフテオ市にある博物館で展示会を行うなど、さまざまな取り組みを行ってきた。

「ちちぶ銘仙館」から発信

　「ちちぶ銘仙館」は、秩父織物や銘仙等に関する貴重な資料を収集、保管及び展示し、これらの資料を永く後世に伝え、あわせて伝統的技術を継承することを目的として設置された施設だ。１９３０年に建造された旧埼玉県秩父工業試験場を利用している。２００１年10月には国の登録有形文化財に登録されるなど、昭和初期の面影を残し、著名なアメリカ人建築家ライトが考案した大谷石積みの外装と昭和初期の特徴的な装飾が調和した建物だ。

　「ちちぶ銘仙館」は、博物館のように学芸員がいて見学するだけの施設ではなく、体験を中心とした秩父銘仙と触れ合う空間を目指している。秩父独特の技術であるほぐし捺染を使った染物体験や、型染め体験、織体験などが体験できる。コロナ前は職人たちの当番制だったことから、これらの体験の多くが事前予約制で突然来訪する外国人等の対応が難しかったことが課題だった。

　しかし、コロナ禍で休館になったタイミングで運営方針を再検討し、今ではいつ誰が来ても常駐する職員たちが体験を担当できるように研修し、コロナ明けのインバウンド対応に備えている。

　最近は中国系の観光客が数多く訪ねるようになり、それ以外にもヨーロッパ系で日本への短期研修などで訪日する青少年たちが団体で捺染を体験することも増えてきた。伝統工藝の体験なので、まずは気軽に体験できるプログラムを数多く設け、秩父銘仙に触れて興味を持ってもらうことが大事だと考えている。

　このようにして、伝統工藝が有名な地域に共通している「職人の担い手を数多く育成しよう」といった課題に常に努力を続けている。

　２０１３年に国の伝統工芸品に指定されたことで助成金を利用することが可能になり、現在でも月に3回の講座を設け、3年間かけて後継者を育成する講座を開講している。この講座に参加しているメンバーは、地域おこし協力隊に参加している人や、西武線沿線などに住んでいる人など、秩父市外から来る人が増えてきたのも、このような取り組みの成果と言えるだろう。

　今後もここ「ちちぶ銘仙館」を起点として、県内外での催しに秩父銘仙などを出展したり、イベントを企画するなど、秩父銘仙の魅力を発信していく。

90 年以上前に建てられた歴史的な建造物。入り口から奥まで見える廊下はまるで映画のワンシーンに出てきそうな風景だ

ちちぶ銘仙館に保管されている秩父伝統の織機

手足を使いペダルや機械をリズムよく動かしながら絹を織っていく。織機から奏でられるリズミカルな機械音が魅力的だ

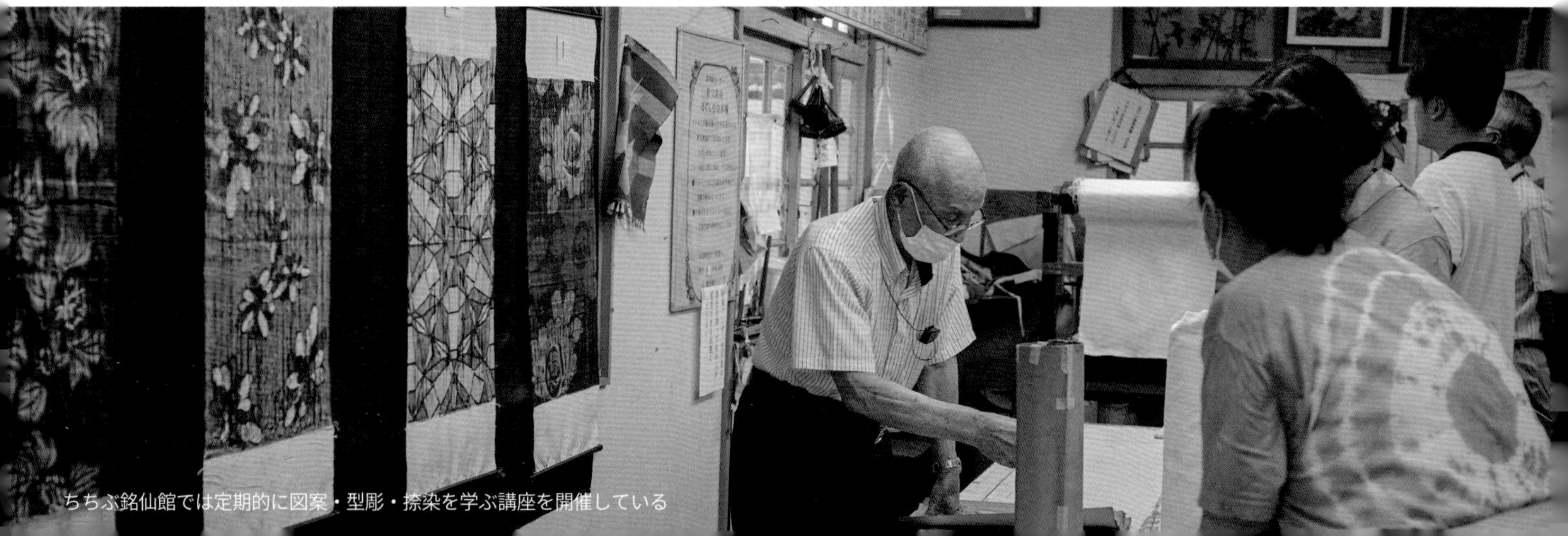
ちちぶ銘仙館では定期的に図案・型彫・捺染を学ぶ講座を開催している

東洋芸術の花

中国の藍染め

藍染めは昔から中国人にとって身近なもので、原型ができあがったのは秦の時代だったという。日本には6世紀ごろに原料となる藍が中国より伝わり、それ以降、広く藍染めが作られるようになった。藍染めは中国では南方を中心に各地で作られ、特に貴州省などで少数民族が伝統的に民族衣装や暮らしの道具に藍染めを取り入れ、豊かな藍染め文化が育まれた。ここでは貴州省南東部の藍染め文化を紹介する。

文／『和華』編集部　写真／CTP

蝶は地元の人々が崇拝しているシンボルで、蝶の模様は様々な蝋纈（ろうけつ）染め製品によく登場する

藍染の中の蜡纈染めが蝋刀に蝋をつけて布に
デザインを描くという特殊な作り方

貴州の少数民族に残る蜡纈《ろうけつ》染めの技術

貴州省黔東南苗族トン族自治州从江県岜沙苗寨の風景

地元の人が藍草を持っている

蜡纈染めの工房が多い

工房で絵を描く女性

少数民族の女性が作った蜡纈染め

藍染めは蜡纈染めとも言い、古くから中国人に愛されている。藍染めは色のあざやかさだけでなく、より重要なのは実用性である。藍には抗菌、防虫、消臭の効果があり、藍で染めた服は肌荒れや湿疹に効果があり、さらに蚊に刺されるのも防ぐ。さらに染めた後の繊維はより耐久性がある。

中国古代の藍染め技術には蜡纈《ろうけつ》、纐纈《こうけち》、夾纈《きょうけち》の3つの基本タイプがあった。しかし、纐纈と夾纈は成功率が低く、染め方も難しいため、次第に蜡纈に取って代わられていった。

蜡纈染めは、まず蜜蝋《みつろう》を溶かして蝋刀《ろうとう》に蝋をつけて白い布に各種デザインを描く。その後、適切な低温度で染められた藍のかめに浸ける。染料は蝋がついていない部分に浸透し、人工で作ることができない自然な模様を作り出す。もみ洗いをして蝋を取り除くと、美しい白い花が浮かび上がるのだ。こうして蜡纈染めの作品が完成する。蜡纈染めは「東洋芸術の花」と言われ、その中でも貴州省の少数民族が集住する地域に伝わる蜡纈染めは、独特の風格を備え、中国の無形文化遺産の一つである。

貴州省の南東部に位置する黔東南《けんとうなん》ミャオ族トン族自治州は、美しい山々と川が広がり、気候も温暖で資源が豊富。民族の風情に溢れて

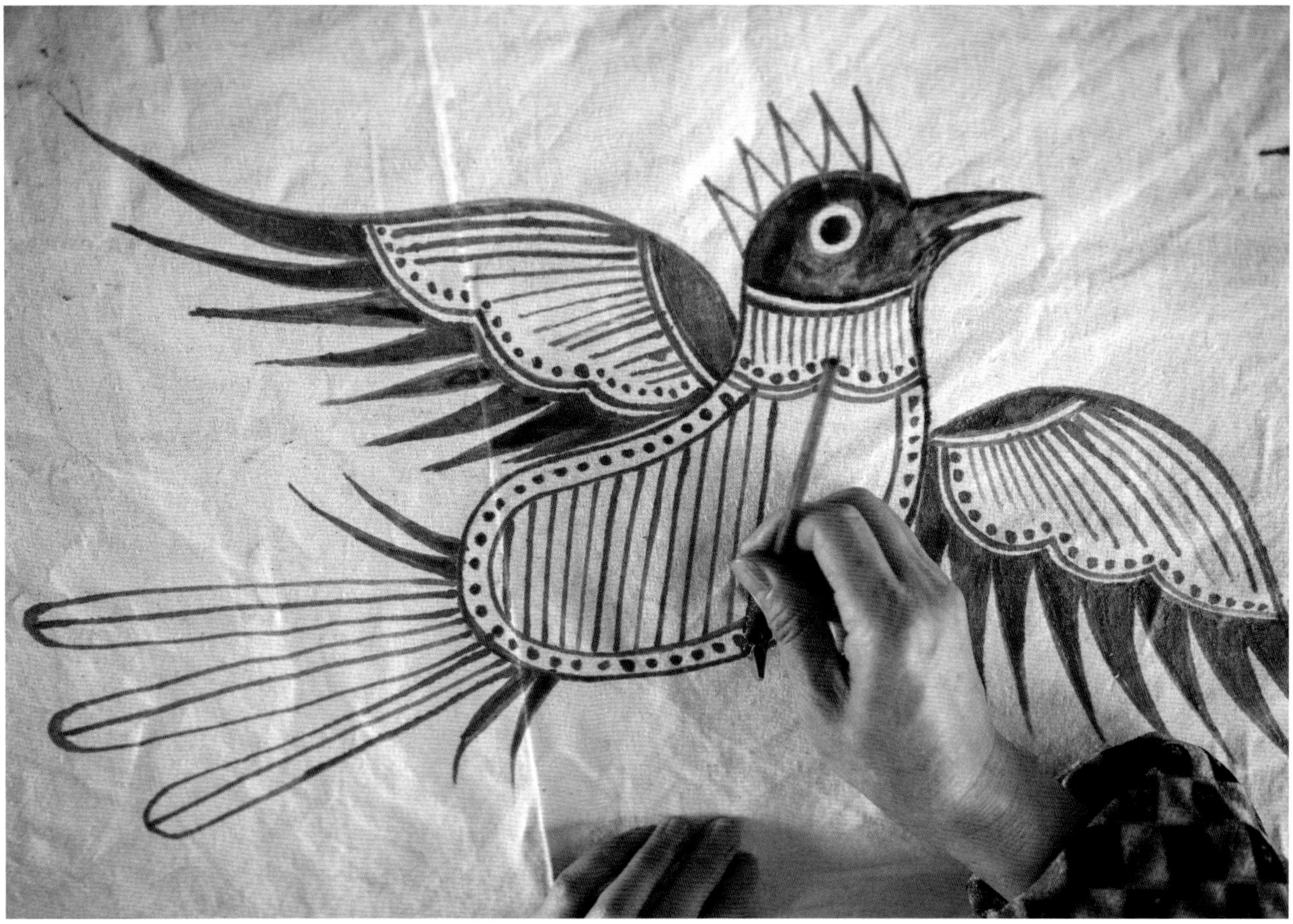

蝋纈染めは一般的に民間で手織りされた白い布を使用する。また、模様を描く道具は筆ではなく、自作の鋼のナイフを使用する

いる。黔東南は素朴な民族が暮らしており、鼓楼や風雨橋、欄干式吊脚楼、美しい都柳江や清水江、びっしりと建ち並ぶ少数民族の村々、そしてきちんと保存された独特の民俗文化がある。

貴州省は藍草が豊富な土地で、この藍草を穴に入れて発酵させ藍を作る。農村の市場には必ず藍を染料とした染め物屋があり、藍を購入して自宅のかめで染める人もいる。染める時期は主に旧暦の7月15日から8月15日に集中している。普段人々は家で織物を織り、いざ染色の段になったときは材料の調達から布が染まるまで約1カ月をかけると言われている。

貴州省の丹寨県、安順県、織金県などはミャオ族を中心に多くの民族が居住する地域で、秦漢時代にはすでに蝋の特性を把握しており、後漢時代には蝋纈染めの技術がかなり成熟し、西晋時代には10種類余りの蝋纈染め製品を作っていた。隋唐時代にはピークを迎え、蝋纈染めが発達した地域となった。文化の交流により、この技術は日本やインドシナ半島にも広がった。宋の時代になるとより手軽なプリントが登場し、蝋纈染めは中原地域では次第に失われていったが、貴州省などの西南地域に住む人々は長い間世界と隔絶され、自給自足の生活をしていたため、古い蝋纈染めの技術が保存され、受け継がれてきたのだ。制作過程のほとんどが手作業であり、現在に至るまで機械化、自動化で代替することはできない。

地元の女性は布を染めた後、芝生に干している

蝋纈染めの里
貴州安順市

安順市ではカルスト地形が多く、良質な水源が染色の品質を保証している

蝋纈染めの村は長い歴史とユニークな文化を持つ古い村落である。住民は主に伝統的な蝋纈染めと手織り物業に従事し、その高度な技術と精巧な美しい作品は定評があり、ここでは「中国蝋纈染めの里」と呼ばれている。

安順市は天然の植物である藍が生長し、染料としての藍色が抽出される集積地でもある。ここで産出される藍は色合いが鮮やかで着色がよく、付着力が強い。これはこの地域の地理的環境と密接な関係がある。安順市全体が低緯度の北亜熱帯気候で、雨量が多く、雲や霧も多く、日照は少なく、夏は暑すぎず冬は寒すぎず、天然の植物藍にとっては理想的な照葉樹林帯地域だからだ。

また、安順市はカルスト地形が多い地域で、水は汚染されておらず酸・アルカリは適度で、各種金属やミネラルが含まれている。こうしたことがこの地の蝋纈染め工程で脱色しない重要な理由の一つとなっている。安順市の蝋纈染めが「東洋一の染め物」という評判の由縁《ゆえん》はその鮮やかで明るく、色落ちしないという染色の品質による。

蝋纈染めの魅力は美しいデザインだけでなく、蝋が冷えた後で生じた亀裂に染料が浸透して多様な模様を生み出す、俗に言う「氷紋《ひょうもん》」にある。同じデザインでも蝋纈染めで作ると異なる「氷紋」がでる。伝統的な蝋纈染めの模様には自然の紋様と幾何学の紋様の大きく二つのカテゴリーに分けられ、デザインは美しく多様である。

最初の蝋纈染めは藍色だけだったが、技術の改良によってアカネ草から抽出された赤やくちなしの花・ウコンから抽出される黄色も用いられるようになり、様々な色の蝋纈染めが登場した。

安順市の蝋纈染めは主にミャオ族とプイ族の蝋纈染めを主として古い工芸を受け継いでいる。デザインは民族の好みによって違いがあり、花の紋様は緻密で色彩は豊かである。よく見られるデザインには山や川の風景、花鳥虫魚、美しい女性、古代の文物などがある。題材は広範に及び形も自由、ロマンチックなスタイルが非常に豊富である。色彩は普通、赤、黄、茶などを用いて少数民族の特色が濃厚にあらわれている。

素朴で千差万別な紋様には人々の祖先崇拝が表れている

蝋纈染めの紋様は主に自然界の花、鳥、虫、魚などから題材をとっており、自然紋様は動物や植物の紋様が多い。特に蝋纈染めにおける蝶や魚の紋様は様々で、写実的なものから写意的なもの、抽象化されたもの、変形した複合的なものまである

蝋纈染め技術の向上に伴い、
カラーの蝋纈染めが登場した『ミャオ族少女』

カラーの蝋纈染めで作られた『古代行兵図』

近年では主に少数民族が使用する生活用品や装飾品として蝋纈染めが様々な商品になり、
都市部の人々に愛されている

実用から芸術へ 変わりゆく伝統

現代の織物や染物の技術が伝わる前、温暖湿潤な貴州地域の人々は多量に蓼藍《たであい》を用いて独自の藍色を染めていた。

ミャオ族の風俗習慣によれば、すべての女性は蝋纈染めの技術を伝承する義務があり、母親は自分の娘に蝋纈染めを教えなければならないという。そのためミャオ族の女性は幼い頃からこの技術を学ぶ。貴州省では、男性であれ女性であれ多くの人々が蝋纈を得意としており、スカーフやスカート、エプロン、ふとんカバー、帽子、シーツ、カーテン、扇、ふろしき、スカーフ、ハンカチ、ショルダーバッグなど日用品に蝋纈染めが用いられている。

日用品や服飾以外にも、祭日の装飾、冠婚葬祭、人生の儀式、先祖を祭り神を敬うなどの場面で蝋纈染めの製品が見られる。現地の人々にとって蝋纈染めの製品は日常生活と密接に結びついており、欠かすことのできない実用品・装飾品であり、信仰や祈願、気持ちを表現する一種の生活様式となっている。

店舗には蝋纈染めの製品がたくさん陳列されている

蝋纈染めは民間で生まれた芸術であり
ライフスタイルでもある

今日では草木染めに代わって、安くて便利な化学染料が使われるのは避けられないが、長い時間をかけて深く根付いた民族の伝統は、ここで粘り強く続いてほしい。

中国の改革開放以来、貴州省の少数民族の蝋纈染めが各地で再発見され、研究されるにつれて、これまであまり認められなかった蝋纈染めが都市に住む人の日常生活に入ってき、人気を博している。しかし、同時に商品化による低俗化の危機も起きている。纈染めの高品質で独立した芸術スタイルとしての発展を阻んでいるのだ。

近年では、蝋纈染めは人々から賞賛を集めるファッションとなり、一部の芸術家の努力によって、貴州省の蝋纈染めは変化を遂げている。独立した高品質な現代アートの様式として、次第に現代文化の仲間に入り、民間の実用的なものから個人的で創造性が高い芸術へと段階を上っている。消滅の危機に瀕していた自然藍の染め織物は再び精彩を放ち、生命力にあふれたものになっている。

山人から受け継ぐ用の美

風土が育む井川メンパ

静岡県の中央部を南北に貫流する大井川。自然豊かな大井川に沿って、ＳＬ電車が走る大井川本線とアプト式の井川線を運行する大井川鐵道が敷かれ美しい風景を生み出している。南アルプスの玄関口である山間地の井川地域では、江戸時代末期から檜の板を丸く曲げて桜の皮で縫い合わせ、漆を塗って仕上げるお弁当箱「井川《いかわ》メンパ」が作られてきた。

取材協力／大井川めんぱ大井屋　文／娜荷　撮影／青城

自然の恵みをもたらす大井川

大井川めんぱ大井屋店主の前田佳則さん

昔ながらの製法にこだわって

軽くて丈夫で、ご飯がおいしく長持ちする「井川メンパ」は、山仕事や農作業のときに持っていくのに最適だった。生活に密接に関わってきたこの工藝技術を受け継いでいるのが、「大井川めんぱ大井屋」店主の前田佳則さんだ。もともとは東京で営業マンをしていたが、2015年に母親の出身地である井川に移住し、何か仕事をと考えたときに井川メンパを思い出し、弟子入りした。その後独立した前田さんは昔ながらの製法にこだわり、大井川流域の檜《ひのき》を使い、漆の木も自ら植えて育てている。2021年10月に「大井川めんぱ大井屋」として商標登録し、現在では1年、2年先まで予約が埋まっている状況だ。

「井川メンパ」の最大の特徴は、原始の形をそのまま残していることだと前田さんは言う。桜の木の皮で縫った縫い目を、切れないように漆と珪藻土《けいそうど》を混ぜた「錆漆《さびうるし》」で覆う。特に側面の曲げ木と底板の接合部分の表側を補強し目隠しする「底錆《そこさび》」というやり方は「井川メンパ」にしか残されていないそうだ。

その製法はざっくりいえば、製材を水につけておき、さらにお湯につけて柔らかくしたものを「ころ」という道具に巻き付けて曲げる。底を

木鋏で留めて桜樺で縫い留める

蒔絵で伝統紋様を描くスタッフの石関さん

つなぎ目を縫う桜の木の皮

未来を見つめ 漆の木を育てる

「漆かき」と呼ばれる漆をとる技術は全く別の職種であり、前田さんも別の師匠に学んだ。漆は６月から始まり７月、８月、９月あたりまでとれるが、そのうち８月が最も品質がよいとされる。日本では漆の 99%は中国から輸入しているという。中国では木を切らずに大木に育て、１年漆をとったら３、４年は寝かせて木を休ませる「養生がき」が行われている。日本もかつては同じだったが季節労働で一気にとる「殺しがき」になった。前田さんは日本でも「養生がき」を復活させたいと考えている

緑を感じる心地よい空間

太陽の光が差し込む２階は窓の外に緑が見え、自然とのつながりを感じられるスペースだ。裏には漆の木が植えられている

オリジナルの家紋が目印

井桁紋の中に太陽系を表す九曜紋を入れた、前田さんオリジナルの家紋「井桁九曜紋（いげたくようもん）」が目印になっている

使うイメージが湧くセッティング

椅子やテーブル、棚などクラシックな家具が落ち着いた雰囲気を醸し出す。テーブルの上にきれいにセッティングされている

ラーメン丼ぶり漆
鉢雷紋時絵

メンパのコップ
メンマグ

漆塗り枡と酒器のセット
欅とトチノキのぐい飲み

はめて3日間ほど乾燥させて固め、桜の皮をこより状にしてつなぎ目を縫って締め上げていく。その部分を前述の「錆漆」で覆い、最後に漆を塗る、というものだ。

曲物《まげもの》と呼ばれる木材を曲げて作る桶などの容器は、鎌倉時代から井川で作られていたと言われている。現在、日本ではほとんど途絶えているというメンパを作る技術が井川に残っているのはなぜなのか、前田さんはこう考えている。室町時代から井川では砂金が採られるようになり、そのときに使う揺り盆が木の桶では重いので「井川メンパ」の技術が使われた。また昭和26年頃までは焼き畑が行われていたため、道具として軽い素材が必要だった。そのような背景から井川には残る必要性があったのだ。

ご飯がおいしくなるワケ

前田さんは、ご飯の詰め方の伝承から、「井川メンパ」に入れるとご飯がおいしくなるのは漆の酵素反応が起きているからだということに気がついた。お弁当箱の中身を入れる部分には山盛り、蓋には8分目のご飯をいれてぎゅっと押し込む。実は漆のなかにはタンパク質分解酵素が入っており、様々な酵素活動が同時に起こっているのだという。温かいご飯をぎっしりと詰めることが酵素反応を引き出し、もっちりとした甘いご飯になるのだ。中の空気を抜くので抗菌作用にもなり、開けずにおけば2、3日はもつという。

生活環境と行動原理が器の形に現れていると前田さんは話す。たとえば、どこへ移動するにも丸一日山を歩くから、山の中で何回かにわけて食事をとる必要があった。ご飯をたくさん押し込めるように蓋は同じ深さで作られている。つまり形が生活と密接に結びついているのだ。

「大井川めんぱ大井屋」の2階にはギャラリーがあり、定番のお弁当箱と共にお椀やお皿、コップ、酒器、カテラリーなどがテーブルや棚に並べられている。お弁当箱は小判型と丸形、角形があり、他にもお櫃《ひつ》の形がある。コップを手に取ると本当に軽い。「日本酒やワイン、泡盛が（酵素反応で）おいしくなりますよ」と前田さん。

一時は値段が下がりすぎて存続が危ぶまれた「井川メンパ」は、前田さんという継承者を得て再び盛り返している。工房やギャラリーのあちこちに本が置いてあり、研究熱心な様子がうかがえる。「大井川」の名前をつけたのも世界にアピールできると考えたからだ。地域にしっかり根付き、前田さんは遥か「井川メンパ」の未来を見つめている。

大井川めんぱ大井屋

〒428-0411 静岡県榛原郡川根本町千頭 1225-8
TEL 050-5894-2806
営業時間　9:00 ～ 17:00
定休日　水曜日・木曜日
ブログ　https://ikawamenpa.blog.jp/

メンパのお皿やお盆

メンパ皿のセット

箱根寄木細工の魅力

素材の美

色の組み合わさった幾何学模様の美しさが魅力の箱根寄木細工は、江戸時代後期、当時宿場町だった畑宿《はたじゅく》で石川仁兵衛が色や木目の違う木を寄せ合わせて盆や箱を作ったのが始まりだとされている。その孫、石川仁三郎に曽祖父が師事したという露木清高さんは、露木木工所の4代目だ。箱根寄木細工の魅力の一つは、「素材の美」にあるという。

取材協力／露木木工所　文／娜荷　撮影／青城

箱根寄木細工の魅力は技術・デザイン

箱根寄木細工といえば、細かい幾何学模様がまず思い浮かぶ。露木木工所を訪れると、伝統的な模様はもちろんのことストライプの伸びやかなデザインや白黒のみの配色のもの、モダンなオブジェなど様々な作品が並んでいた。

赤や黄色、白、紫。並べた製材を前に「これらはすべて天然の木の色ですよ」と言われて驚いた。露木さんは、自然の木の色を「きれい」だと思った。木にはまず「素材美」があり、それを見せたいと考えている。

木を組み合わせて幾何学模様を作る。実はここがとても根気のいる、繰り返しの作業だと露木さんは言う。そして模様のデザインができてから表面を薄く均一に削るのはまさに職人技だ。デザインの美

落ちていた端材をきれいだと思い、それを中心に置いて配色を考えた昨年の作品。立体にしたことで見え方がかわる。

全て天然の木材の色。色のバリエーションがあることを知らない人には、天然の木だと理解するまでになかなか時間がかかるという

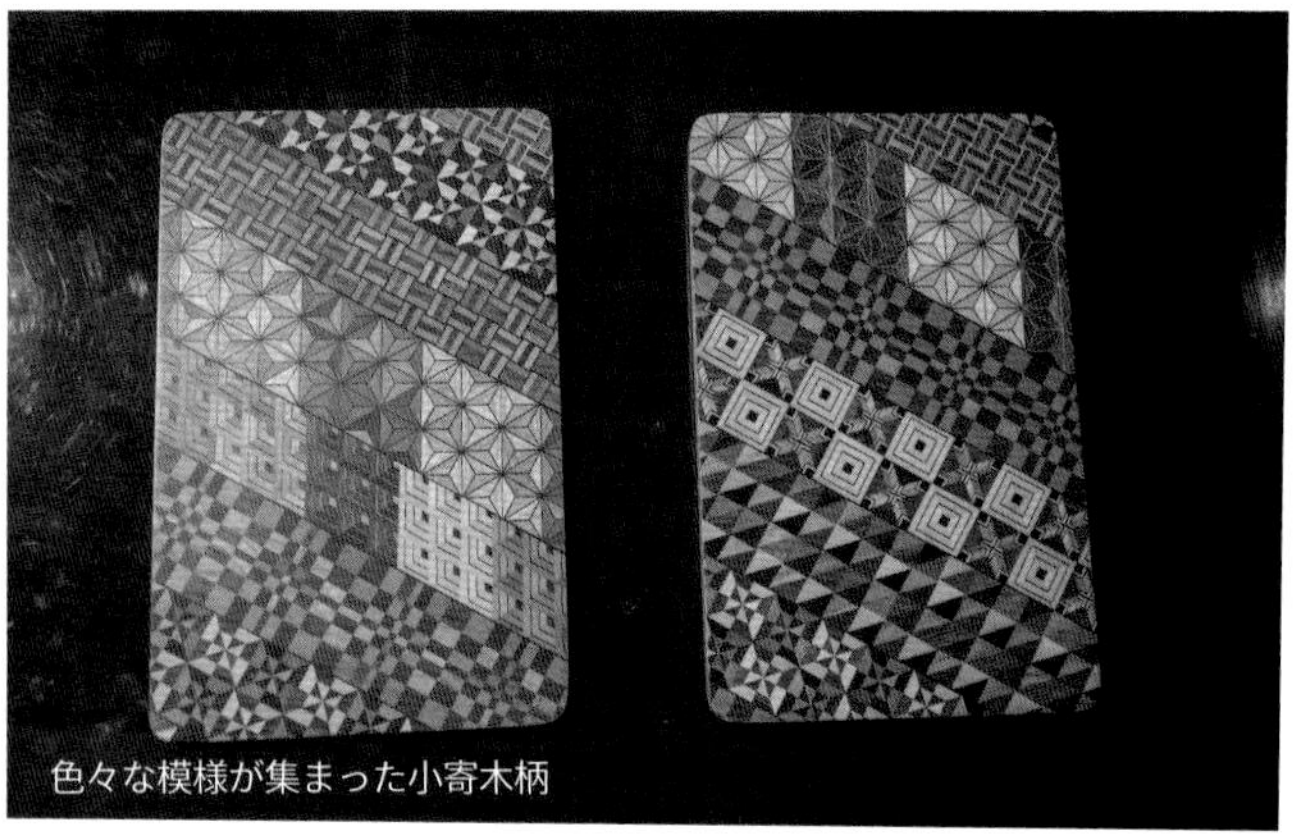
色々な模様が集まった小寄木柄

露木木工所オリジナルの白小寄木

しさに目を奪われる箱根寄木細工だが、大変手間がかかる、人の手で生み出される伝統工藝なのだ。

製作にあたり木の種類は問わないが、加工しやすいかどうかをまず試してみるのだという。木を薄くしてみたり寄木細工の工程を実際に試してみる。どちらかというと柔らかすぎたり固すぎたりしないほうが作業はしやすいが、実際にやってみないと分からないのだ。

箱根寄木細工にはもちろん伝統の柄がある。しかし、基本的に「デザインは自由」なのだそうだ。色の配色や模様の大きさ、作るものの大きさによっても無限大にデザインは広がる。どのようにすればデザインが思い浮かぶのか尋ねると、様々なものに触れることでしょうかと言いながらふと父親や祖父とのエピソードを思い出し、話してくれた。

たとえば毎朝川沿いを散歩していた父親から、石ころがきれいだったので、その形を模して作品を作ったと聞いたことがある。また、車で祖父を送ったときに、看板を見た祖父が「色遣いがいいよ」と話してくれたこともあった。見るものすべてがデザイン。遡ればこうした何気ないやりとりがアイデアの源流にあり、「日々の積み重ね」からデザインは生まれてくるのだという。

新しいものを作り続けること

露木木工所は『生活文化の創造』ー暮らしをより楽しく、より豊かにー」をコンセプトにしており、露木さんの「生活のどこかに、小さいものでもよいから寄木細工を取り入れてほしい」という言葉通りギャラリーにはカップやお箸、お盆、小箱、マウスパット、イヤリングなど身近に使うものがたくさん並んでいる。そして確かな技術を土台として、「新しいものを作る」という精神が初代である曽祖父の時代から脈々と受け継がれている。露木さんの曽祖父は「伝統工芸技術寄木の近代化に貢献した」として神奈川文化賞を受賞しており、多くの新製品を考案されたそうだ。祖父も現在の社長である父親も新しいものを作ることを奨励し、露木さんも新しい挑戦に積極的だ。

20代から30代前半は、同年代の若手6人で立ち上げた「雑木囃子《ぞうきばやし》」としても活動した。展覧会を行ったり世界的なプロダクトデザイナーの喜多俊之氏の指導を受けるなど、デザインやアイデアを出す能力を鍛えられたという。ここ10年ほどは小田原市のプロジェクトで年に1回行われる伝統工芸作家と現代アート作家とのコラボ展「小田原もあ」に参加してアーティストからも刺

素材感を活かした大胆なデザインのキャニスターは露木さんの最近の作品

配色がモダンで模様の動きがあるデザインの「抹茶碗」は露木さんの2008年の作品

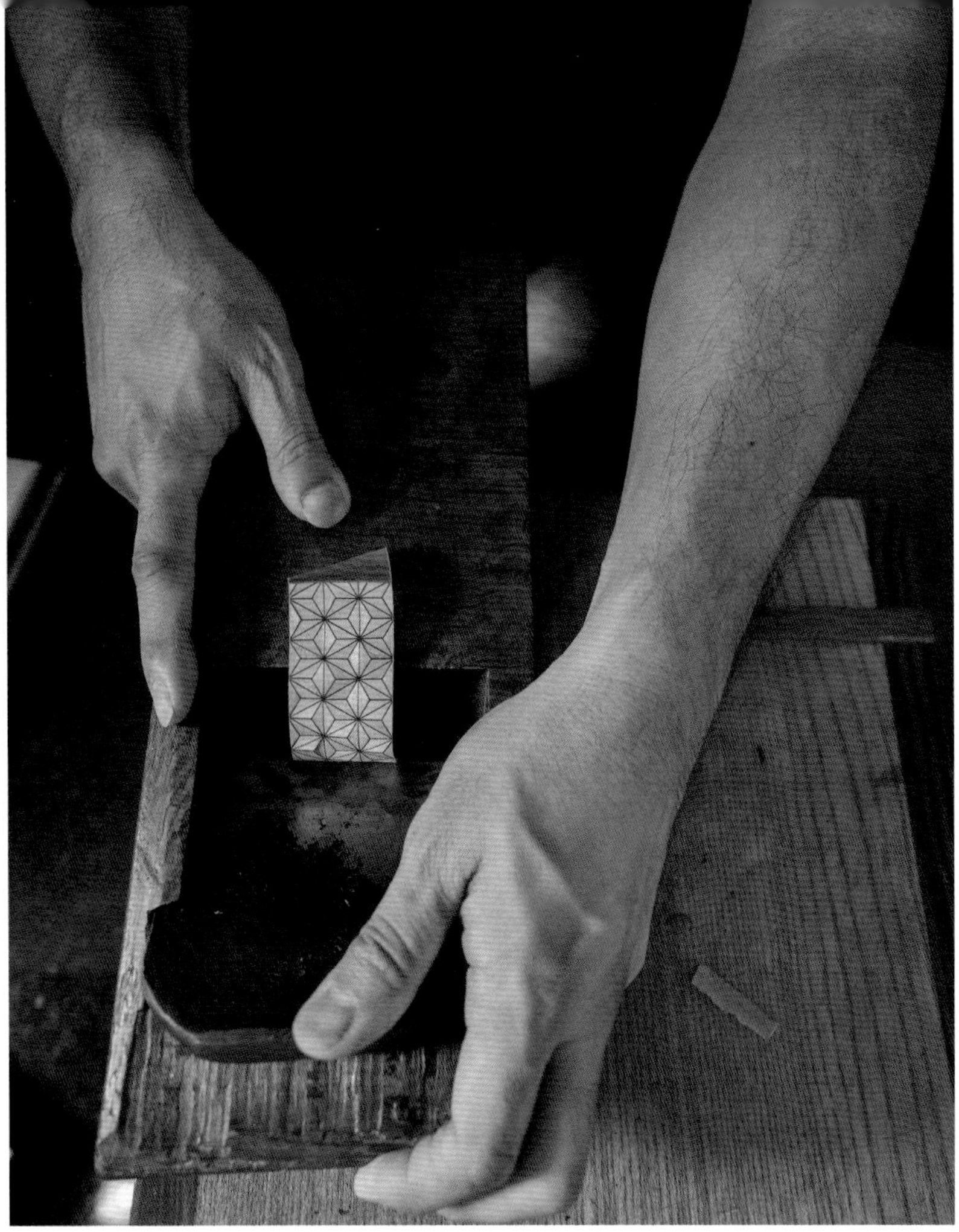

繰り返すことが大切　その表現は無限大

激を受けている。デザインや発想の「学びの場」になっているそうだ。

２０１２年から始まった星のリゾートの温泉旅館ブランド「界 箱根」とのコラボレーションは箱根寄木細工を初めて観光資源として捉えてもらった出来事で、お土産物というイメージを変える大きなきっかけとなったと露木さんは話す。「界 箱根」のロビーラウンジには露木木工所の工芸作品がギャラリーのように並べられ、モダンな箱根寄木細工がしつらえられた「ご当地部屋」や自由に手にとり楽しむことができる「箱根寄木の間」など、箱根寄木細工の魅力を発信する重要な場となっている。

露木さんは、今後も露木木工所のコンセプトを実現するために、古いものを大切にしながら新しいものを提案し続けたいと話す。現在はＦＲＰとの異種素材組み合わせに取り組んでおり、これまで寄木細工が苦手とした水回りに置かれる可能性も出てきたと期待を寄せている。表現の幅が広い箱根寄木細工には、人それぞれの表現がある。それぞれの寄木細工が人気になれば、自然と伝統工芸として残っていくのではないか。伝統の継承者と肩ひじを張らないナチュラルな姿勢で、箱根寄木細工の未来を語ってくれた。

露木木工所４代目の露木清高さん

寄木ギャラリーツユキ

〒250-0021 神奈川県小田原市早川 2-2-15
TEL 0465-22-5995　FAX 0465-22-7299
営業時間　9:00 ～ 17:00
休業日　日曜・祭日・第２土曜日

深く愛される精神的な拠り所

中国の竹工藝

文／『和華』編集部　写真／CTP

竹―文人墨客《ぶんじんぼっかく》の精神的な拠り所

中国は世界で最も早く竹を育成し、利用した国であり、また最大の竹産出国でもあり、「竹の国」とも呼ばれている。

古くから中国人にとって、竹は単に日用品や生産活動に必要な道具・工芸品だけでなく、奥深い文化的意味も持っている。竹は外側がまっすぐで中が空洞、枝が多く葉が生い茂り、すらりと伸びて四季を通じて緑であることから、高雅さ、純粋さ、謙虚さ、節度を象徴し、その内面と品格が中国人に深く愛されている。梅、蘭、菊と並び「四君子」とも呼ばれ、また梅、松と並び「歳寒三友」とも称されている。

古来より教養のある文人墨客《ぶんじんぼっかく》は竹を愛し、詩に詠む人が多い。北宋文学の巨匠、蘇軾《そしょく》は「肉がなくても食べて生きていけるが、竹がないところには住めない。肉がなければ人は痩せていくが、竹がなければ人は俗になる。人は痩せても太ることはできるが、俗になると治せない」と詠んだ。これは蘇軾自身が竹をどれほど重視していたか、また、中国の古代の士大夫や文人墨客の心において竹が持つ特別な意義を示している。

室町時代に中国から煎茶《せんちゃ》とともに日本に渡った竹の道具類は、江戸の末期から明治にかけて、煎茶の隆盛と共に「唐物籠《からものかご》」として珍重された。

竹は文人だけでなく、手先の器用な中国人によってさまざまな美しい工芸品へと変えられた。竹工芸はその独特の工程と技巧で、中国の工芸美術史に独自の地位を確立している。ここでは中国人の生活美学と精神的な拘り所を理解するために、竹工芸品の中でも特に竹彫りと竹編みについて紹介する。

竹編みの美しい光と影

小さなものに大きな美
竹彫り

竹は強くてしっかりしており、内側は空洞で外側は清潔、色合いは琥珀に近く、さらに堅牢で靭性もあり、中国人にとっては吉祥な物とされている。歴代の文人が竹を高く評価してきたことから、竹彫りの芸術が生まれた。

竹彫りとは、竹製の器物を彫刻して形作り、さまざまな装飾模様や文字を彫ること、または竹の根を使って各種の装飾品や置物を作る技術。竹の根彫りはソリッド（硬い部分）な木とは異なり、竹は中空で厚さが異なって破損しやすいので彫刻する際には材料に特別な注意が必要。

中国では、竹彫りは商の時代以前にはすでに現れ、南北朝時代には竹根の彫刻芸術が出現した。初期の竹彫りの製品は主に宮殿に使われ、モチーフは仏像、人物、花鳥、山水などの紋様を竹に彫り込むものだったが、技術が進化するにつれ次第に題材も広がっていった。唐代になると竹彫りはさらに発展し、多くの人々に知られ愛されるようになり、中国南方各地で流行した。

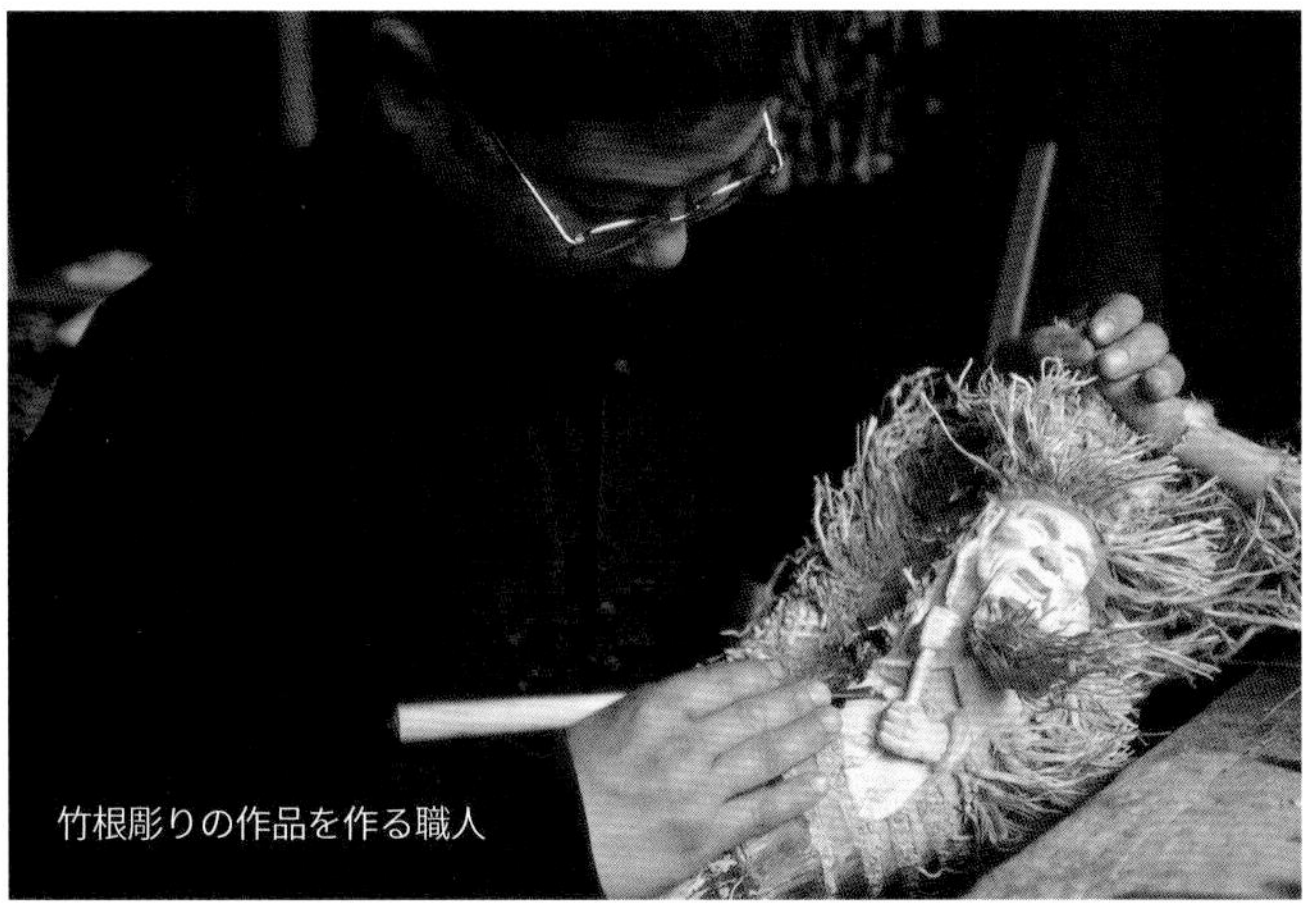

竹根彫りの作品を作る職人

竹彫りは小さな物が多いが、竹の特性上、彫刻するのは非常に難しく、豊富な彫刻経験と高度な技術が必要である。明清時代以降は名匠が次々と現れ、典籍に記された著名な竹彫りの職人は３００人以上にも上る。

明清時代の竹彫り製品は、技術が非常に優れており、重厚で質素なスタイルと豊富な構図、刀工が深く線は力強く、種類が多く、独自のスタイルを持っている。竹彫りは多くの人々に愛されるようになり、次第に実用品から芸術品として鑑賞・収集されるようになった。

現在、中国の竹彫り作品は形状や内容が多種多様であり、地方の特色や民族風情が溶け込んでいる。例えば四川省都江堰市の「聚源竹彫り」は、中国西南地区で唯一の竹彫りの流派であり、素材の選び方、刀工、緻密で複雑なテクニックなどに深遠な意味を持ち、「竹彫り文化の郷」と呼ばれている。

中国人は古くからの彫刻技術を使って、精神的な拠り所と意味を持たせ、竹彫り製品に具現化している。職人の精巧な手仕事によって竹は朽ち果てていくものから神秘的なものへと変わり、高雅で生き生きとした、清新で自然な竹彫りが竹製品特有の味わいを持ち、中国の工芸文化の代表の一つとなり、特別な芸術的魅力を感じさせている。

竹で作られた清代の枕、漢字が刻まれている

福建省武夷山の竹林

指先の竹アート
竹編み

竹編みは中国人にとっては非常に身近なものだ。子どもの頃の背負い籠や涼を取るための竹製の扇やマット、魚を捕るための籠や網、物を入れるための竹製のかごや筐《はこ》……。深い郷愁を感じさせ、誰でも多くの思い出を心に刻む。

竹編みは中国古代工藝品の中で最も早くから利用され、最も用途が広く影響が深い竹製品の一つで、4500年前から、竹の加工はすでに専門業界として発展している。現在でも竹編みは中国人にとって欠かせない生活用品および工藝品であり、竹の形状も用途もすべてがあら

かに向上している。特に福建省安渓県は竹と籐の編み物の発祥地の一つであり、長い歴史と豊かな製作技術を持っており、国内外で高く評価されている。その名声は「中国の竹編みは福建を見よ、福建の竹編みは安渓を見よ」と言われるほどだ。

ウーロン茶と密接する 福建省泉州市安渓県の竹編み

安渓県の竹編みの主要な材料は毛竹に一部地元の山藤などがある。竹と藤で垂直な二方向にそれぞれが交錯と圧縮を繰り返しながら完成する。縦の線は「経」と呼ばれ、横の線は「緯」と呼ばれ、編むことを通して様々な模様が形成される。

唐時代の終わりには安渓県の竹編みはすでに大変流行していた。宋元時代には竹編みが農村に普及し始めた。現在でも、安渓県の竹編みは純粋に手作業である。時代が進むにつれて、技術はますます洗練された。精緻で耐久性もある竹編みの農具や茶具、生活用具は今では一般的なものになっている。その中で、特に竹で作られた茶器は、竹編みの半分を占めている。安渓県の竹編みとウーロン茶の発展は密接に関連しているだ。

安渓県のウーロン茶は福建省の武夷山で生産され、茶の木は岩の間に生えている。緑茶と紅茶の間に位置する「半発酵」の茶であり、緑茶の爽やかさと紅茶の甘いまろやか さがあり、ウーロン茶の中で極上品といえる。

中国国家レベルの竹編み技術の代表的な継承者、陳清河氏は言う。「安溪県にはウーロン茶があれば竹編みもある。茶摘みの茶枠、茶冷ましの平たいふるい、揺り青（茶葉を揺らして発酵させる工程）の茶ふるいと揺り青機、茶の焙炉など、何百年にもわたり竹編みが使用されている」。

茶の季節に茶園で茶を摘む女性たちが頭にかぶる斗笠や背中に背負う茶かごも竹製品である。地元では茶葉を天日干しや加工する際にも大きな竹の額、竹のふるい、大焙炉など「竹」が随所で見られる。

竹製品は美観と質感が独特であり、原始的で純粋な雰囲気を持っている。竹製品自体が人々の自然への敬意と環境に対する配慮を表しており、伝統的な工藝への継承と革新も兼ね備えている。持続可能な発展と環境意識が日々高まる現代において、竹製品はそのユニークな魅力でますます多くの人々を引きつけている。

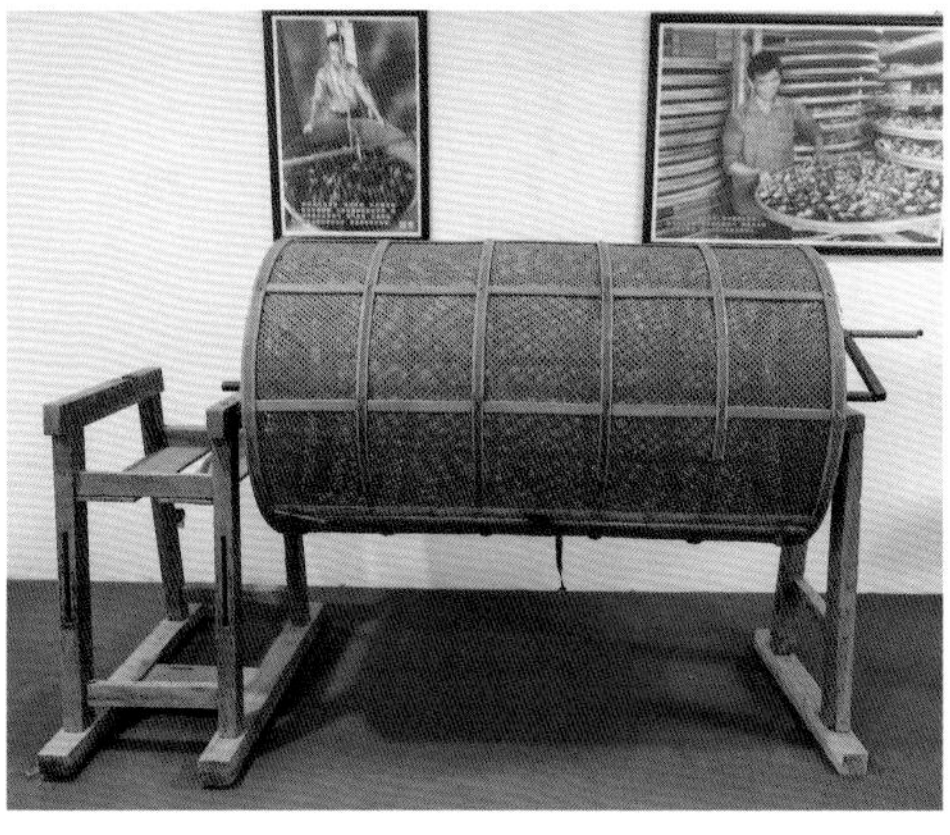

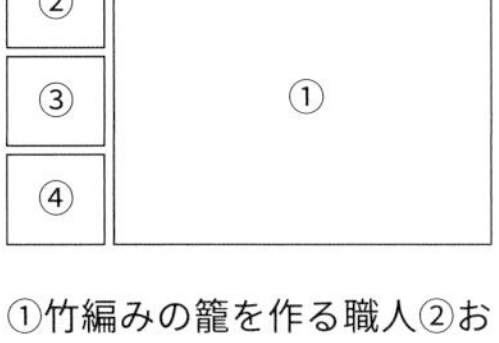

①竹編みの籠を作る職人②お茶を摘む茶農家の人たち、茶かごも帽子も竹編み③ウーロン茶を干すには竹編みが欠かせない④福建省泉州市安渓県の製茶揺青機

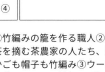

いま珠洲焼の方へ

文・撮影／高橋克三

能登半島は、明治の中期までは、
古代から日本海を舞台にした交易の大きな拠点でした。
大開墾の世紀の中世に起こり、滅んだ、
珠洲焼の価値を現代に継承し問う作家を訪ねます。

こころを想起する やきもの

取材協力／珠洲焼作家・篠原敬

その黒く手触りの良い作品に出合った時、静けさや優美さだけでなく、癒しの中に悲しみも秘めるこの奥深い黒とフォルムはどこからきているのだろうという思いが湧き上がり、珠洲焼の作家、篠原敬さんの工房を訪ねました。

奥能登にかつてあった中世のやきものが、四十数年前に蘇り、今では多くの作家が活躍する珠洲《すず》焼。釉薬を使わない須恵器の延長線上にあるような８００年以上も前の古代の技法に、なぜ多くの人が魅かれ、こだわるのかも知りたかったのです。

「うちに大きな壺があったのです。この黒いのなんだっていうぐらいにしか覚えてません。１９８９年の春に珠洲焼資料館ができて、その壺を祖父が寄贈したというので見に行ったのです」と篠原さんが珠洲焼との出合いを話してくれました。

裸のやきもの

「衝撃を受けたと言ってもいいです。各地から集められた珠洲焼の、その加飾のない、立ち姿だけで美しい、裸と言ってもよいのに、その存在感が伝わってきたのです。それで、資料館の横にあった研修施設にも行ってしまい、ちょっと土を触ってみたら、もうのめりこんでしまったのです」。

珠洲焼作家　篠原 敬さん

東本願寺での仕事を辞めて、お寺の跡継ぎとして帰ってきたばかりの篠原さんにとって、ちょうど自分の生き方について深く考えていた時期と重なります。

「1988年秋に故郷に帰ったのですが、地域がとても輝いてみえるんですよ。自然も何もかも新鮮で、こんなよいところだったのだ珠洲は、と気づかされたのです」。そんな篠原さんを待っていたのが、原子力発電所の誘致の問題です。

「珠洲ではね、農家の人や漁業者、本当に日々汗流してる人たちが立ち上がったんですよ。お坊さんをしていたときには出会えなかった人たちと腹を割って話しました」。

お寺という組織に所属して衣を着てお経を読み、お布施をもらうことだけが、お坊さんなのだろうかと篠原さんは考えるようになります。

「珠洲焼を見て、僕もいっぺん裸になっちゃえばいいんだ、と気づかされました」。1回の人生、悔いのない生き方をしたいと、篠原さんは、実家の大きな寺を出て、作陶の道に進みます。

美は真実であり、真実は美しい

「中世の窯跡に行くと陶片がいっぱい落ちていて様々なイメージが湧いてきます。珠洲焼の壺の底は、小さくすぼんでいるのですが、そのちっちゃい底からふあーっと壺が立ち上がってくるのです」。中世のやきものの産地が、大量生産のため、窯を還元焼成から酸化焼成に変え、やきものの色が黒から赤に変わります。また安定性を求めるために壺の底の形も広くしていきます。珠洲焼をおいて他の産地は効率や機能のために大きく変わったのです。

「珠洲焼の黒は、日本海の深い青と似合います。小さい底もフォルムの美しさ故です」と感じる篠原さん。何に価値を置くかが、他と違っていったと。

「現代は、工藝を置く場所がないと思うんです。昔の家には、床の間があれば、季節ごとにお軸を変え花を生けるとか、食事も絵付けや焼き締めの陶器とか漆器やガラスがあるなど潤いがありました。今では、白ばっかりです。自分の作品には、心に必要な、そして、その奥に見えないものを感じさせるような力があればと思います」。だから心が健康なうちしか作れないと篠原さんは笑う。「結局、やきものに人が出てしまうので」。

游戯窯

〒 927-1203
石川県珠洲市正院町平床
TEL/FAX：090-1315-4397
https://suzuware.info/information/kilns/

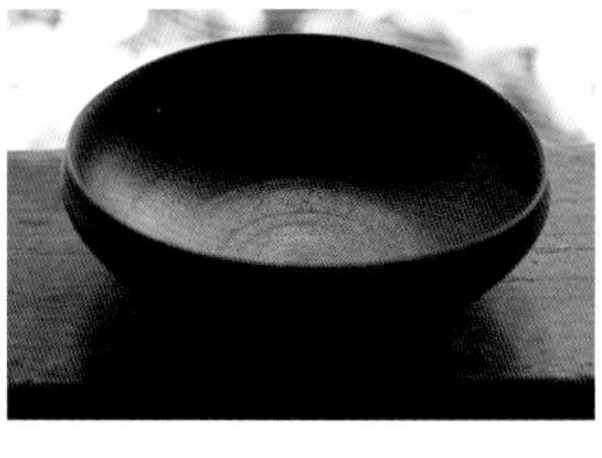

逆転の王国
能登

取材協力／珠洲焼研究家・大安尚寿
写真提供／珠洲市立珠洲焼資料館

中世の文献に、その名もない黒い壺や甕の存在が、「珠洲焼」として名付けられ、確固たるものになったのは、珠洲焼資料館にたくさんの実物を結集させたことが大きい。資料館の元学芸員の大安尚寿さんに話を聞いた。

日本海の地図をひっくり返して下が中国・ロシア・韓国のユーラシア大陸だとすると、日本からポンと突き出ているのが能登半島であることが分かります。古代に渤海使を迎える能登客院があったことや、江戸時代に北前船の要所として繁栄していたことからも、古代から日本海や北東アジアの交易の拠点でした。

「いわゆる珠洲焼の成立した12世紀中ごろは、大開墾の世紀でした」と元珠洲焼資料館の学芸員の大安尚寿さんが説明してくれました。

「王朝の支配体制から離れて、例えば平氏とか源氏とか言われる人

珠洲焼研究家　大安尚寿さん

叩大甕（14 世紀前半南北朝時代）木製の桶が普及していない中世では大甕は貴重な大型容器だった（高 60 cm　口径 64cm）

中世の窯跡が奥能登珠洲の各地に残っていた

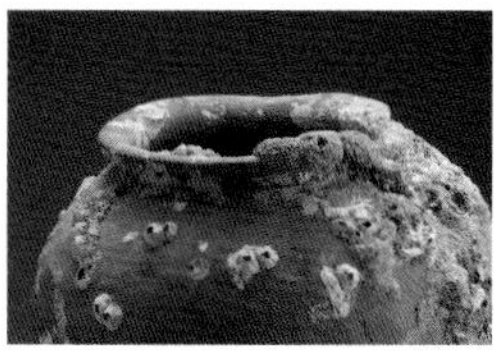    

たちに代表されるような人たちが地方に目をつけ、そこを開拓し、どんどん領地や農地を広げていくわけです。その中で自分たちの土地を守るための手段として武士団などもでき、大きな地方都市が生まれていきます」。

各地に人口が増え、食料などの様々な物資の保存や運送などに使う甕や壺、また人々の食事や神事に使う器などの大きな需要が生まれてきたのです。中央の力が落ちてきたことによる出来事ですので、国が管理する官窯の須恵器では需要に応えられなくなり、各地に例えば六古窯といわれる瀬戸焼、常滑焼、信楽焼、越前焼、丹波焼、備前焼などの中世のやきものの産地が生まれたと大安さんは続けます。「珠洲焼もその一つだったのです。当時のやきものはとても重いので、陸上をたくさん遠くまで運んでいくわけにはいかない。船に乗せるということになります」。それで、能登半島の先端の珠洲で、やきものを作ったのだそうです。航行している船に乗せて運べばとても大きな商圏が得られるからです。

「珠洲焼は、北海道南部から福井県にかけての日本海側に広く流通したことが分かっています」。最盛期の14世紀には日本列島の4分の1を商圏としたそうです。しかし、15世紀末、室町時代の後期に消えてしまいます。

「地元でもそんなやきものがあったということは、ほぼ忘れられていくわけです。黒いのがごろごろしているという感じだったそうです」。それが、第2次世界大戦が終わり、自分たちの地域の歴史を見直そうという機運や研究が盛んになった時に、発見されていくのだそうです。

「珠洲焼という名はその頃はまだなく、その後につけられたもので、文献に名前が残っていたわけではなかったのです」と大安さんは証言します。

名前のない黒いやきものが後世に残されただけなのに、多くの人がその復興に力を尽くし、500年の時を超え、創造の力を与えているのです。

①	②	③	④	⑤

①海揚りの叩甕（12 世紀前半平安時代）
②西方寺窯跡 ③再現した窯 ④法住寺窯跡付近
⑤法住寺窯跡付近の陶片と窯壁片

珠洲市立珠洲焼資料館

〒 927-1204
石川県珠洲市蛸島町 1-2-563
Tel.0768-82-6200
https://www.city.suzu.lg.jp/site/suzuware-museum/index.html

櫛目袈裟襷文壺（13 世紀後半鎌倉時代）
ロクロで挽いたかのようなスマートな形状だが胴下部に
残る叩き目から叩壺であることが分かる

壺の口縁部と中胴の波の模様は、
このやきものが能登の対岸の大陸文化を継承する陶工たちが焼き、
船で日本海沿岸に積み出されていったことを象徴するようです。
そして櫛目の大胆な交差は、
この壺から湧き上がる力を封印しているようで、
中世の人たちの怖れや願いなどの思いが伝わってくるようです。

世界に魅了される

中国の陶磁器

陶磁器はその鮮やかで多彩なデザイン、精緻な技術、そして独自の美学によって、中国文化の代表の一つとなるだけでなく世界にも深く影響を与えている。中でも、磁器はその名前が「ｃｈｉｎａ」であることからもわかる通りに、その優れた品質が中国の代名詞となっていることが分かる。シルクロードによって陶磁器は世界中に輸出され、やがて日本にも伝わり、独自の陶芸文化を発展させてきた。ここでは世界の磁器の都である景徳鎮および日本とゆかりのある建盞《けんさん》を紹介する。

文／『和華』編集部　写真提供／ＣＴＰ

江西景徳鎮浮梁県瑶里繞南村にある磁器を焼く窯

千年の時を経て、ひっそりとたたずむ
磁器発祥の地、瑤里古鎮

景徳鎮古窯民俗博覧区内では絵師が磁器に描いている

世界の磁器の都
江西省景徳鎮《けいとくちん》

江西省の景徳鎮は中国に留まらず、世界でも最も有名で、最も歴史ある「磁器の都」であり、宋の時代から中国陶磁器の最大の生産拠点になっている。宋の皇帝・真宗は、自身の年号である「景徳」をこの地に与えた。「景徳鎮」はまさに中国磁器の代名詞となった。

景徳鎮市浮梁《ふりょう》県にある瑤里《ようり》は、景徳鎮磁器の発祥の地だ。瑤里は古い呼び名「窯里《ヤオリー》」に由来している。唐の時代中期、瑤里には磁器を生産する手工業工房があり、磁器の窯が有名になったことで「窯里」という名前になった。20世紀に入り、窯が別の場所に移ったため「窯里」から「瑤里」に変わった。瑤里の町には瑤河が流れ、明清建築、徽派建築など古い建築物が山や水に囲まれて瑤河の両岸に並び、美しいコントラストをなしている。

瑤河を遡ると東河になる。芭蕉山、綺山の谷の間を東河の水が村の南を回り込んで流れるため「繞南」と名付けられた（「繞」は中国語で回る、巡るや回り込むの意味）。繞南に暮らす多くの人は、宋の時代から「釉果」と呼ばれる釉薬《ゆうやく》のもとになる石の加工生産に従事しており、釉薬製造の歴史は千年以上になる。現代でも村の付近には、古い水碓《みずうす》や鉱洞、釉果の工房、龍窯遺跡など古代の陶磁器生産の遺跡が集中的に残されているから瑤里における陶磁器テーマパーク「磁器の源泉」となっている。

湖北省博物館所蔵の元代青花瓶

陶溪川は芸術的な雰囲気にあふれ、特に夜はライトアップされて多くの人で賑わいをみせる

一度は見てみたい
景徳鎮の観光スポット

景徳鎮は「磁器の都」として世界的に有名であり、国内外の観光客がその芸術的な魅力を感じるために訪れる。その中でも陶溪川文化創造地区と景徳鎮古窯民俗博覧地区は文化的ランドマークとなっており、観光客にとって人気のスポットだ。

陶溪川は景徳鎮の昌江黄金地帯に位置し、周囲には学校や工業遺産が点在している。かつては陶磁器工場として繁栄したが、工場が閉鎖されてから数年前リニューアルを経て、陶磁器を文化の中心とする一体型の文化レジャー観光エリアとなっている。ここでは昔の工場の外観を保ちながらも、モダンでファッショナブルな建築スタイルが独特な個性となり、多くの若者たちに愛されている。

また、景徳鎮古窯民俗博覧地区は展示や陶磁器体験、レジャーが一体となった文化・観光エリアであり、中国で唯一陶磁器文化をテーマにした国家級観光地でもある。展示場には歴代の古窯展示エリア、陶磁器の民俗展示エリア、水辺の創造的な休憩地など三つに分かれている。特に歴代の古窯展示場には、古代の陶磁器作りの工房や、世界で最も古い陶磁器生産ライン、清朝の町の窯、明代の瓢箪《ひょうたん》窯、元代の饅頭《まんじゅう》窯、宋代の竜窯などが展示。これらは近年再建されたものだが、景徳鎮の陶磁器作りの千年の歴史をより直感的に理解することができ、運が良ければ窯の点火式も見ることができる。

景徳鎮古窯民俗博覧地区に陳列されている陶磁器

碗中の宇宙
福建省建平の建盞《けんさん》

中国の南宋時代は科学技術が進み、人々は美学を追求し、最先端の技術で陶磁器を焼いていた。宋の時代は中国の陶磁器美学の頂点とされている。当時、庶民から文人まで、ほとんどすべての階層の人々が闘茶《とうちゃ》（茶の味を飲み分けて勝敗を競うゲーム）を楽しみ、茶器の品質に対する要求も高まっていた。

そこで登場したのが、鮮やかで独特なスタイルの黒釉茶器、「建盞」だった。建盞とは建窯で作られる碗を指し、建窯は現在の福建省南平市建陽区に位置している。ここは宋の時代に黒釉茶碗を専門に焼く窯だった。建窯の製品は主に碗と盞《さん》（さかずき）であり、有名かつ貴重な種類には兎毛、油滴、鷓斑の三つがある。これらは焼き上げる過程で釉薬の表面にできる模様のことを言う。特に、兎毛盞が最も有名で、建窯の遺跡で最も多く発見されている。

建陽地域では銅、鉛、鉄などの鉱物元素を豊富に含む陶土が産出しており、これが陶磁器製造の優れた原料である。この陶土には鉄分が多く含まれているため、焼き上げられる陶磁器は一般に灰黒色または黒褐色となり、それを「黒釉《こくゆう》建盞」と呼んでいる。黒釉建盞の特徴は、その胎土が厚く、内部には多くの細かい気孔が含まれており、茶の保温に優れ、闘茶に非常に適している。福建省の一部の役人は黒釉建盞を貢物として朝廷に献上することもあった。

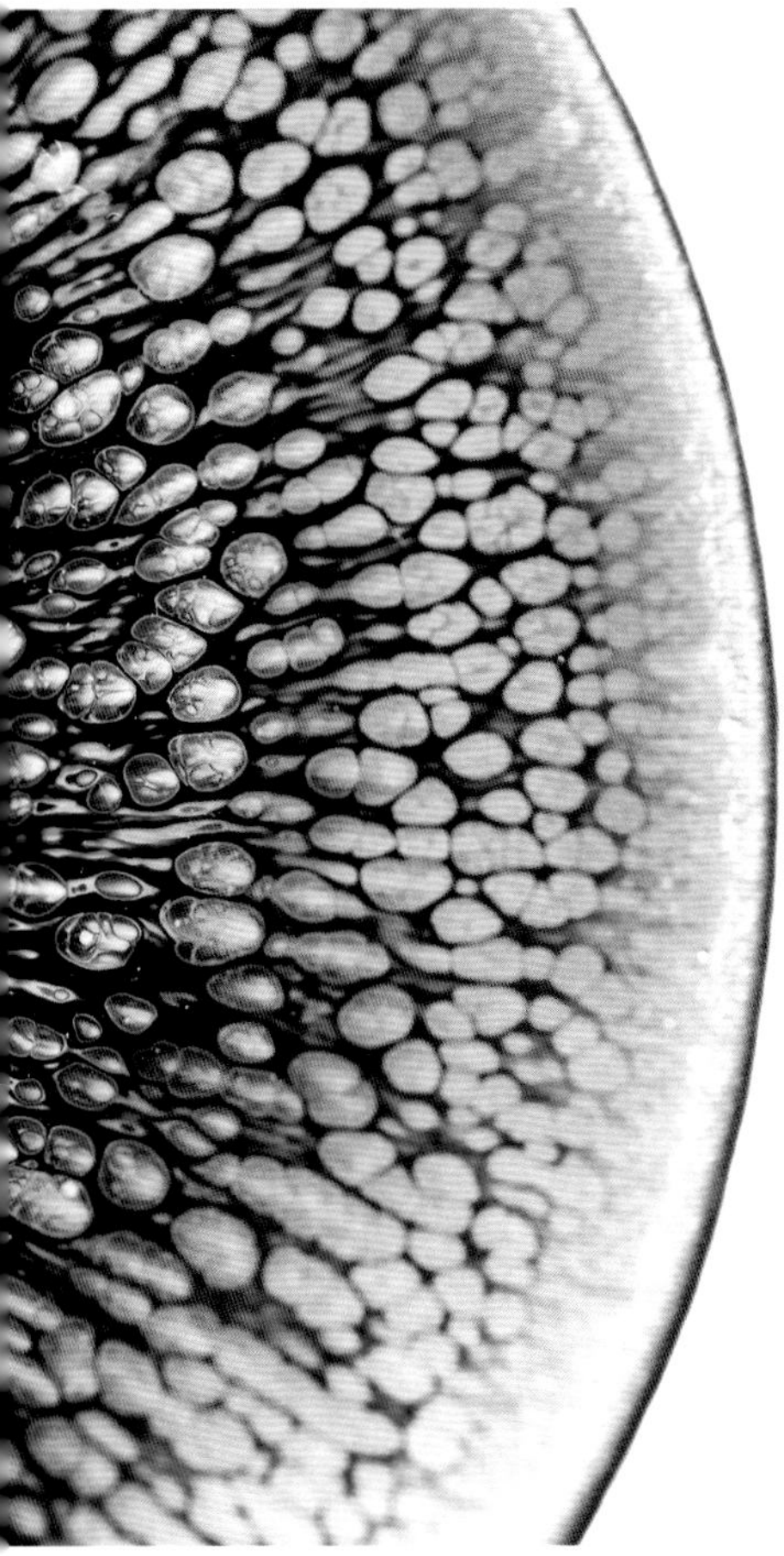

曜変茶碗の内の斑点はまばゆい光を放ち、
まるで広大な宇宙のよう

海を渡って日本に伝わった天目茶碗

黒釉《こくゆう》建盞の焼成は高度な技術が必要で、少しでも失敗すると不良品が出る。一般的な黒釉建盞は色が地味で単一だが、偶然に焼き上がった建盞の内壁は大小さまざまな斑点で覆われている。太陽光の下では、その斑点が青、紫、緑など様々な光を放ち、まるで広大な宇宙のように見える。さらに驚くことに、角度を変えて内壁を見ると、異なる色の光を放つ。このような特殊で偶然の現象は「窯変《ようへん》」と呼ばれ、斑点が明るい光を放つため「曜変《ようへん》」とも呼ばれる。このような特別な茶碗を「曜変茶碗」と名づけられた。

かつて、日本の僧侶が中国の浙江省杭州市にある天目山の寺院で修行をし、帰国する際に茶道の技術と茶器を天目山から持ち帰った。後に、日本人はこれらを「曜変天目茶碗」と呼ぶようになった。天目山の禅寺自体には窯はなく、曜変天目茶碗の主な産地は浙江省からあまり遠くない福建省の建窯である。

福建省の龍窯：龍窯は通常、山の地形に沿って建設され、その形が頭を下げた巨龍に似ているためその名がつけられた。窯床が長く、焼き面積が広く、生産量が高く、火炎の流れが均一で、冷却も早いといった利点がある。

これら「曜変天目茶碗」が日本に伝わった後、一時は上流階級の武士や商人が熱狂的に求める宝物となった。現在日本には、完全な形で残る曜変天目茶碗は三つしかなく、それらは静嘉堂文庫美術館、藤田美術館、大徳寺龍光院にそれぞれ収蔵されており、国宝に指定されている。2009年には中国の杭州市で曜変天目茶碗の破片が出土した。完全ではないが、茶碗の原型がはっきりと分かり、内部の曜変模様も鮮明に見える。

曜変天目茶碗が貴重な理由は、まず黒釉の焼成技術が非常に難しく、きらめく斑点を形成する確率が非常に低い点が挙げられる。これには職人の高い技術、焼成時間、温度が非常に厳しく求められる。さらに、窯変は本質的に偶発的な現象であり、このような「碗中の宇宙」を作り出す窯変を成功させるためには、何千回、何万回もの試行が必要かもしれない。窯変の不確実性がこの神秘性を生んでおり、それが人々を魅了するのだ。

漆工藝という身体

文・写真／高橋克三

美しさは、命そのものとも言ってよいと言う林暁さん。
善と悪、美と醜、生と死、二つの力が渦巻く中から命は生まれてきます。
林さんの作品には、言葉では表すことのできない命が明らかに息づいています。

いのちに触れる

取材協力／富山大学芸術文化学部
技藝院センター長・林曉

高い技術で有名な漆藝家の林曉さんの作品名に、乾漆という日本史で仏像の作り方として習った技法の名前がいくつかあったので、不躾にも、どんな技法がお好きですかと思わずお聞きしました。「全ての技法は基本的には嫌いではないのですが、一番適切な言葉は、修行です。イメージを完成させるためには、その技法が今度必要になってくるという認識です」。

林さんが一番面白いと思うのは、造形をしている時だそうです。「紙に描いたり、CADで描いたり、木を削ったり、粘土で作ったりして、でもそこから漆に変えていきますよね、そうするとだんだん修行になっていきます」。

自分の頭の中の出来上がり感は漠然ながらあるので、それになるべく近づけていくような作業をしていく。一日中座って研いでいたり、結局はそうしないと最終的には出来上がらないからだそうです。「だから出来上がったときには嬉しいというよりも終わったという感じです」。

最初にイメージしたものを作り上げるための修行なんですねとお聞きすると「いやいやイメージしたものがそのまま出来上がる訳ではありません。僕の中でものすごく微妙なインプロビゼーション（即興）が続くのです。ここをもう少し低くしようとか、この角の形を少し変えた方がいいんじゃないかとか、手で考えるというか、そういうのがずっと続くのです」。

3Dプリンターも使ってらっしゃるのですね、との問いに「3Dプリンターというのは何かといえば、CADを使って作ったデータ

乾漆食籠「夏の花」

乾漆蓮花食籠

朱塗稜花盤

林曉さんの受賞歴：
2000年　第17回　日本伝統工芸展　日本工芸会賞
2009年　第56回　日本伝統工芸展　文部科学大臣賞
2011年　第50回　日本伝統工芸富山展　高岡市長賞

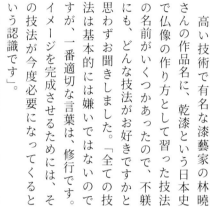

を直接形にする方法です。自分の手で何かを削り出したりするよりもよっぽど早いというか、CADの形をそのまま綺麗に出してくれます」。

しかし、CADは、今の段階では実は2次元で見ているので、自分の思った立体とは、ちょっとずれてくるのだそうです。

「だから出てきたものを手で直接直します。そうすると、最速で一番欲しい形のところに行ける道具になるのです」。もちろん手で直すときは、インプロビゼーションしていくのだそうです。

富山大学芸術文化学部 技藝院センター長　林曉さん

「自動車メーカーもCADで設計し最終的にはクレイを削ってそれを手で研いてますよね。それが工芸でできないのは、おかしいだろうと思っています」。

3Dプリンターも CADも、林さんにとっては一つの道具であることが分かります。「CADを発案した才能と、一緒に仕事をしていると想像すると、とても刺激的です」。

神聖な朱

朱塗という色彩名もよく作品の名前に冠していますね、どうしてですかとお聞きすると「金と同じように、変わらないですから。大事な作品を作るときに水銀朱を使います」。水銀朱は、古墳など古代では神聖なところに使われます。

「神聖っていうのは、よくわからなくて、人間は基本的にすごくドロドロしてますよね。実はみんな普通の顔をしていますが、食欲から始まるいろんな欲をたくさん持っていて、とても複雑ですよね」。そういうもの全部をひっくるめて神聖と考えるのだそうです。血の赤、肉の赤だそうです。

金沢の国立工芸館で見た日本の工藝品の美しさを、怖い、ちょっと間違えたらもう醜いというか、そのギリギリのところが、ものすごく美しいと評したら「大体そのギリギリのところに面白いものがあるのです」と返されました。「例えば善と悪、あるいは美と醜というのがあるとすると、現代は、そこに壁を立てて向こうを見えないようにしてしまう。ここを越えたらだめだと。そして、この壁がものすごく大きくなります。われわれは、安全な側でヘラヘラと生きていますが、でも本質的に美しい状態や、素晴らしい悦楽は、壁を越えた側にある」とおっしゃり、続けて「優れた工藝は、そこを見せる。見せないと、何の役にも立っていないということになります。そうじゃないんなら、世界中に美術館なんかできません。ちゃんと未来を切り開くための指針を何らかの形で示すっていうことに意味があるのですから」。

カテゴライズすると見えなくなる

そして、林さんが、日本の工藝の核心について教えてくれました。

「工藝っていうのは、もう本当に爪楊枝みたいなものから、神に捧げるようなものまで、シームレスにずっと繋がってて、これをちゃんと、認識し、評価できる人っていうのは、相当の教養が必要だったんです」。今は、ばらばらにカテゴライズしているから、見えないのだと続ける。「昔の武将の字はとんでもなく上手いですよね。字の形とか、筆勢とか全てのものでもって人格を表してるわけです。それがちゃんとできてない人は信用されなかった」。

日本人の文化や教養の捉え方は、カテゴライズされたものでは、かつては無かった。それは、明治維新以降の西洋の考え方だと指摘します。

「でも日本語を使っている以上、本当はその考え方は続いているはずです。カテゴライズには向いていない。日本語は西洋の言葉と違い、最後にならないと言ってることの正否が分からない」。工藝で、コンセプトなどと言うのは、先ず止めようと締めくくりました。

林曉（はやし さとる）

漆芸家。1954年生まれ。東京都出身。東京藝術大学卒。東京藝術大学非常勤講師、高岡短期大学教授、富山大学教授を経て、富山大学芸術文化学部技藝院センター長。1996年「乾漆朱塗食籠（かんしつしゅぬりじきろう）」で日本伝統工芸展日本工芸会会長賞。2010年紫綬褒章。日本工芸会正会員。

谷崎文学を巡って

取材協力／漆工藝家　李逸琰

1851年ロンドンの世界最初の万博で登場した、鉄骨とガラスでできたクリスタル・パレスは、ある意味、進行中の現代の文明の一つの方向性、夜と闇の追放を告げる号砲だったのかもしれません。

ドストエフスキーは、この建物を「こっそり舌を出すことさえできない」と評しましたが、東洋で舌を出していた作家がいました。『陰翳礼讃』の谷崎潤一郎です。

この日本を代表する作家に、インスパイアされて制作する中国人の漆工藝家がいます。李逸琰さん。林曉先生のお弟子さんです。

闇に隠れる豪華絢爛

「谷崎の小説と文章からの印象を自分の蒔絵で再表現しています」と李さん。再表現とは、谷崎の作品を、李さんの場合は漆にのみ可能な表現を使って、無から生み出すプロセスを指すそうです。谷崎の本の挿絵などではなく、映画などの表現が再表現となります。日本は、古くから、物語や歌などの文学的素材を、香箱の蓋の蒔絵や什器の絵付けなどに再表現してきました。

谷崎は、『陰翳礼讃』の中で、西洋文化の明るさや明確さの美学とは異なる、日本文化の陰影や曖昧さを重要視する日本独自の美意識について語っています。

李さんにとって特に漆の部分は重要です。「漆器の肌は、黒か、茶か、赤であって、それは幾重もの『闇』が堆積した色であり、周囲を包む暗黒の中から必然的に生れ出たもののように思える」という谷崎の言葉を挙げて、彼の世界を漆で再表現する確信を得たと、きっかけを教えてくれました。

「谷崎の描く、アンビバレンツな相反する対立から生まれる、日本の伝統的な美意識や人間の性的な欲望は、谷崎の言葉を借りれば、人間の心に潜む『闇に隠れる豪華絢

漆工藝家　李逸琰さん

爛』な輝きなのではないのだろうか」と。

　李さんが引用した「豪華絢爛」とは、谷崎が漆の蒔絵を指して言った言葉です。

　『陰翳礼讃』から「派手な蒔絵（略）とかを見ると、いかにもケバケバしくて落ち着きがなく、俗悪にさえ思えることがあるけれども、もしそれらの器物を取り囲む空白を真っ黒な闇で塗り潰し（略）、忽ちそのケバケバしいものが底深く沈んで、渋い、重々しいものになるであろう」。

　闇は、漆器の美しさにとって、非常に重要な要件なのです。

愛の世界を蒔絵で表す

　『痴人の愛』、『刺青』など、主人公の男性が好きな女性を自分の理想形に変えていく話も多いですね。女性が理想形につくられ、結局、男性は女性の魅力に負けていきます」。そこが面白いと李さん。「一番印象に残っているのは『春琴抄』です。佐助が自分の目を刺して失明してから、見えなかったいろいろなものが見えてくるところです。春琴の美しさや手足の柔かさ、きれいな声。これって、すごいと思いません」。

　李さんの作品は、人間の心や体が持つ相反したり、もっと踏み込んだりすると生まれる世界を、箱の蓋の開け閉めで表しています。

　大事なのは、蓋をすると、それが闇の世界に戻ることです。

　「死は愛の昇華であり、自分を捨て、執念を持つことに命を捧げている世界を表す」と李さん。

　私たちは、彼女の作品と対面し、蒔絵を眺め、手に取り、蓋を開け、覗き込み、慌てて蓋を閉じて隠し

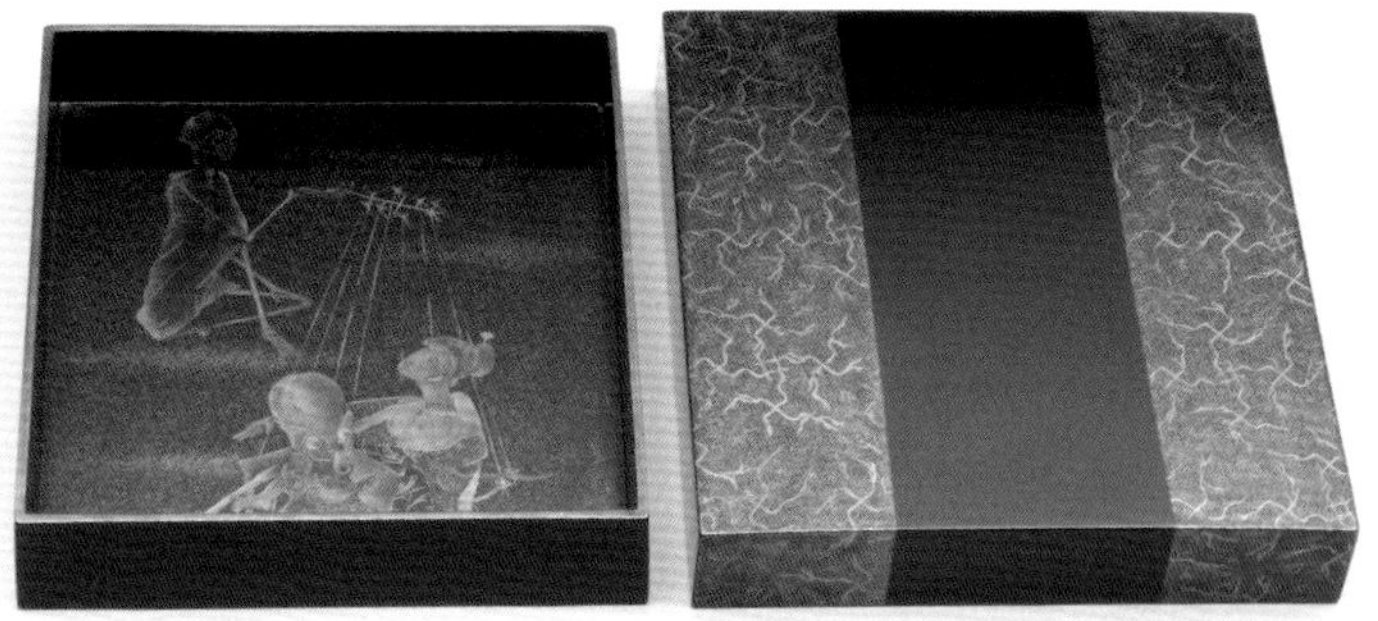

蒔絵料紙箱『卍』2019 年

蒔絵六角箱『孔雀の影』2019 年

蒔絵香合『卍』2020 年

てしまうという行為を通して、谷崎の世界に迷い込むのです。

　そして、この谷崎の世界を表現する蒔絵は同時に、漆という素材を生かした鏡面仕上げをされることによって、鑑賞者の顔や周りの風景も表面に映りこみます。鑑賞者は、物語の世界だけでなく、現実の中でも自分や自分のこころと対峙することになるのです。

林曉先生との出会い

　李さんは、東京藝術大学に交換留学で美術の保存修復の勉強をしに来たのが、この道に進むきっかけだったそうです。「そこでは油絵が中心でしたが、ほんの少しですが、漆の蒔絵の修復も体験できたのです。非常に興味を持ちましたね」。

　なぜなら、漆は日本、韓国、中国などのアジアの限られた地域でしか学べず、また文化的な基礎もアジアで共有しているからです。「油絵の勉強ならヨーロッパに行きます」と李さん。

　漆の技術の体系化が進んでいる日本で学びたいと思い留学の準備をしていましたが、中国の清華大学で、日本の先生の作品集を見るチャンスがあり、その時に林先生の作品のところでくぎ付けになってしまったそうです。

模様は閉ざされ　神秘の存在に変わる

「まるで、命が湧き出るようだと思いました」と李さん。複雑な人間の世界を描くことに興味があったので、こんなにシンプルに命を表現できる才能と精緻な技量に驚き、この先生の下で学びたいと強く思ったそうです。

　清華大学の先生が東京藝大に留学している時、林先生に教わったパイプを生かし、推薦してもらうことになりました。2017年に再度来日し、林先生が教えている富山大学の大学院に進学します。

谷崎潤一郎記念館に作品が

　蒔絵の勉強に力をいれたのは、中国発の他の多くの技法と違い、日本で独自に発展してきたものだからです。「漆工藝の巨匠、松田権六さんの道具を林先生のところで拝見させていただいた時は、感激しました。国立工芸館から修復のため一時的に林研究室が預かっていたのです。勉強では、国立の博物館所蔵の名宝や、正倉院の宝物の複製を直に見ることもでき、日本ならではの教育を受けさせていただきました」と李さん。林先生の下で2年間学び、博士課程は金沢美術工芸大学大学院に進み、満期退学後は金沢を拠点として漆工藝作家として活動を始めています。

　李さんの作品は、兵庫県の芦屋市谷崎潤一郎記念館で見ることができます。蒔絵料紙箱「卍」は、谷崎の書の掛け軸の下にあります。楕円蒔絵箱「人魚の嘆き」で第40回日本伝統漆芸展入選。今後が期待される逸材です。

『日本漆文化史』
四柳嘉章著
楊立山・李逸琰訳

岩波新書『漆の文化史』の中国語訳。縄文時代から近世までの日本の漆その文化の成り立ちや、技法など

日中の工藝をよく知っている名匠
切り絵作家・王超鷹　が考える

千年先の工藝

蚕が吐糸《とし》したのかと、みまごうほどの美しい切り絵。伝統技法を駆使しながらも人知を超えた技で世界を轟かせるのが、切り絵の名匠王超鷹氏だ。そんな王氏は切り絵の世界に留まらず、工芸を造る気持ちで篆刻やロゴの制作などを発揮する。現在は未来に向けた工藝ＮＦＴの指導、工藝で地域活性のプロデュースと、護るべきものと開発するものを脳内および体内で仕分けし忙しい。千年先の工藝を聞いた。

構成・文／高谷治美　写真／王超鷹（剪紙画）
プロフィール写真／高橋克三

幼少期より選ばれし中国の伝統工藝士。もはや作品は切り絵の範疇を超えている

王氏の日本での成功はこの『トンパ文字』に始まる。長年の文字の研究が評価され、工藝を造る延長線上に、篆刻やロゴの制作、フォント作りがあった

王《おう》　超鷹《ちょうよう》

切り絵作家・文化研究家

1958 年上海生まれ。切り絵作家として 17 歳には中国の伝統工藝師名人に。72 年に上海工藝美術公司に入社後、伝統工芸や美術、文字造形に関する研究活動を続ける。上海大学文学部を卒業後、日本に留学し、武蔵野美術大学大学院造形学修士号を取得。日中文化の架け橋としても活躍し、アリババを含む中国国内企業及び日本企業など約 136 社に携わり、CI 戦略やブランドデザイン構築を築く。著書に『トンパ文字』『篆刻文字』シリーズ（マール社）などがある。

切り絵と自然の融合の美しさ

これが本当に手作りなのかと絶句する。吐糸のような王氏の剪紙画はひときは異彩を放つ。果てしなく青い空と入道雲、降り注ぐ太陽の下に彼は剪紙画を空に掲げた。

王氏は9歳で切り絵を始め、13歳にして中国に選抜され伝統工藝伝承の世界に入り、過酷な修行と鍛錬を経て17歳にして伝統工藝師として名人の域に達した。その頃だったと彼は振り返る。勉強のために自分の住む上海から離れて陝西省米脂県にある真っ暗な洞窟に入った。中では女性たちが切り絵をし、できた作品を小さな窓にかざしていた。窓の外から光が入り、切り絵の影が美しく映え、日が沈むと夕焼け色に変わる。日本でいうところの陰影の美と同じだ。

当時、この地域の女性の識字率は低かったので、コミュニケーションは切り絵だったのだろう。女性は子どもたちに切り絵を見せ、「枯れてる木でも光が射すと、その中に鳥がいて花が咲いてきれいだね」と。「私の切り絵の原点はここにあります。だから、伝統工藝は生活や自然と一体になっているときが一番美しいのです。伝統工藝士は自然と対話をし、自分との対話ができる者でなくては」と語る。

自然と自分とどう向き合っていくか　その境地こそが　文化遺伝子として残る

工藝の3Dプリンター化、NFT化について

すでに、3Dプリンターが何でも作れる時代になり、工藝家の危機が問われている。例えば、切り子。見た目はまったく変わらない。「ただし、3Dでできるものはいつになっても子どもでしかない。大もとの「母」を越えることは永遠にない。3Dは命を作ることはできないのです」と王氏。人間とAIの関係に似ており、人工知能は大もとの創造性はない。今後のデジタル化は否めず、人間を手伝うツールとして使われていくだろうが、伝統工藝の唯一無二のものはできないのだろう。

また、伝統工藝が減少したら、弟子に教える必要はなく、工藝家はもう造る必要はないのだろうか。王氏はそれも否定する。むしろ、創造性の部分は価値は上がっていき、NFT（偽造不可な鑑定書・所有証明書付きのデジタルデータ）上では取引が盛んになっていくだろうし、メタバース（仮想空間）上でも工藝を使う人は増えていくと。「手でものを作ることは、人が生きる本能です。科学技術の進歩はまさに手作りの延長だと思います。伝統工藝がなくなる時、科学技術の進歩も止まるでしょう」と王氏。そして今、工藝家が作っているものは千年後の伝統工藝になるのだと。

王氏は、某財団からの依頼で伝統工藝の評価基準を18の技術に集約して考えた。本物を見抜く目も未来に残していかねばならないからだ。

人間と自然の関係を大事にしよう

伝統工藝の産地に行けば、とうていおよびもつかないものづくりをしている工藝家に出会う。観光客は皆、感動し衝動買いをする。そのときに、「工藝家は苦労話よりも造る楽しさを伝えて」と王氏。実際に、伝統工藝士はその人にしかできない「自然との対話」ができ、その人にしか体験できない「自分との対話」ができる。これは古代の人たちが、なんとか自然と繋がりたいという願いと同じだ。「このような体験が自分の人生にどれだけ大切か、そこに教養と人間らしい豊かな暮らしを享受できるのです」とも。

王氏も、切り絵をするときは和紙と対話をし、篆刻を彫るときは石と対話をすると言う。「私はこれから造り始めますけど、君の美しさをこう考えています、と頭に描いて造るのです。湿度が高いときは和紙とハサミのバランスを取るために環境を工夫します」とも。王氏の手作業は、切るときも彫るときも手元を見るわけではなく、すべて感覚。自然との対話の結果なのだ。

私たち使い手もまた、人間と自然の関係を大事にしなければならない。工藝品を手にしたら、暮らしのなかで使い、百年も千年も前のものを目にしたら時空を越えて自然と対話をしよう。「そこには、必ず作り手にも使う人にも、文化遺伝子が流れています。それを絶やさなければ工芸は百年も千年でも続くのです」。

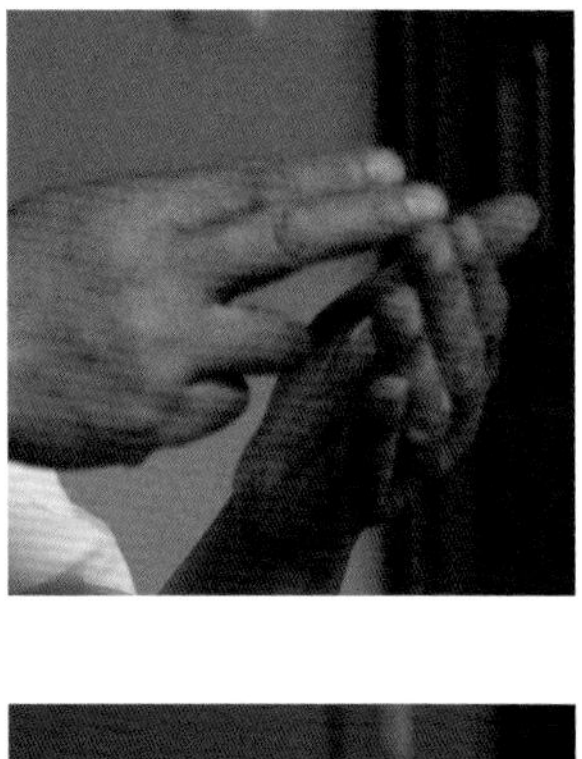

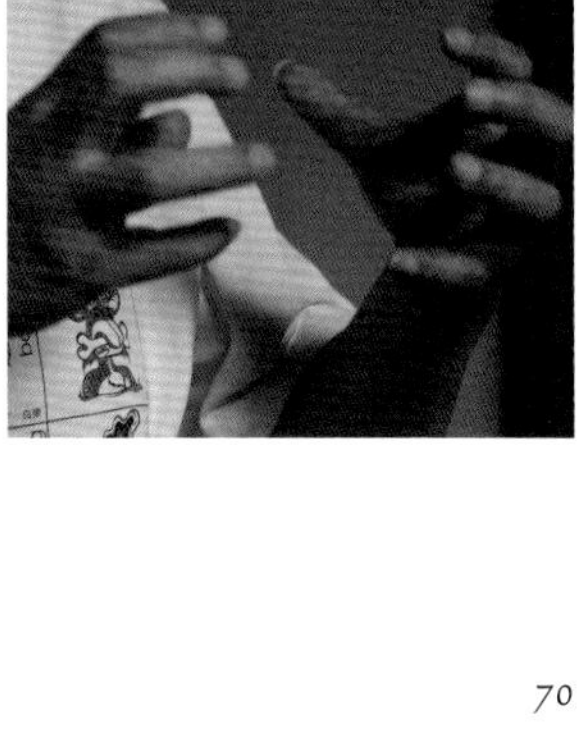

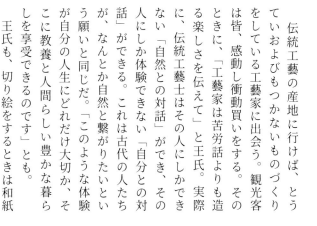

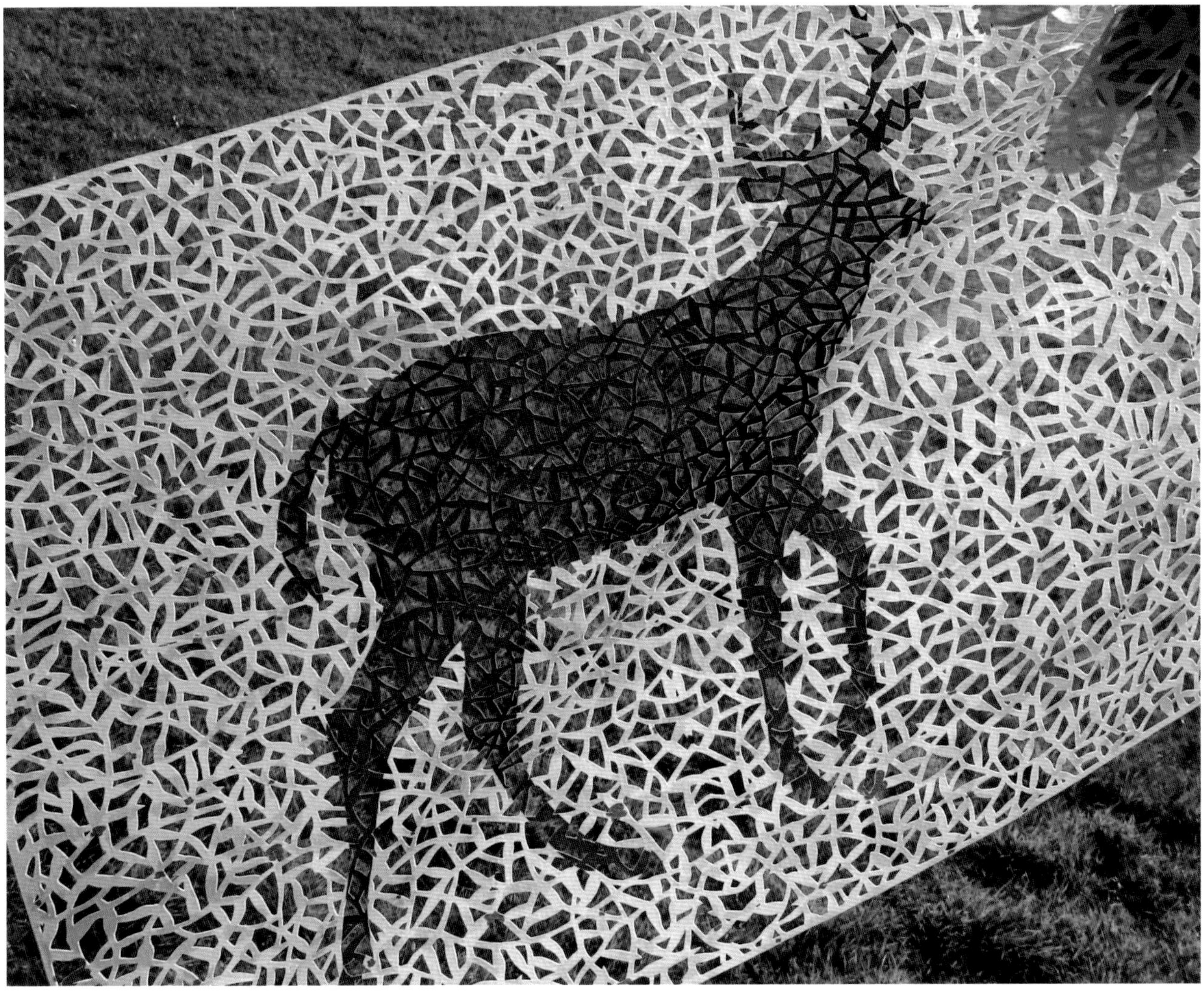

現在、王氏は埼玉県寄居町に古民家やキャンプ場を作り、日本人と共に地域活性に力を注ぐ
①埼玉県寄居近辺の自然公園で撮った切り絵。中央に鹿を据え切り始め、まわりに繋げた作品 ②広告にあった猫のモチーフから切り始めまわりに繋げた作品 ③中国ならではの幸福や豊かさなどの意味を込めて作られた作品

文化藝術好きが集い、お茶を飲み語らう

古民家「みすみ」が寄居に誕生

構成・文／高谷治美　写真／高橋克三

蝉時雨が降り注ぐ今年の7月、埼玉県寄居町の風情ある古民家に山のごとく伝統工藝品が運び込まれた。ほとんどのものが古典藝術伝道師の松本瑜伽子（チャチャ）さんが長年集めたものだ。チャチャさんは、68頁で登場した切り絵作家・王超鷹氏を留学生の頃から36年にわたり支援してきた日本のお姉さんだ。両者は、いつか「文化藝術好きな人たち」が集う基地を作りたいと考えていたので、満を持しての発動となった。寄居に理想的な古民家を見つけたのだ。古くは秩父往還の宿場町として栄えたという寄居だが、今は懐かしさと変化が同居している。荒川に抱かれ山城も残り、悠久の歴史を感じるいい場所だ。

この基地をプロデュースする王超鷹氏は、チャチャ氏含め携わる3名を形象し「みすみ」と名付けた。玄関を入ると、唐時代の物観世音菩薩に出迎えられ、目の前には能の演目が描かれた大きな屏風が鎮座し、雅楽で使用する舞楽面とともに飾られていた。度肝を抜かれる。付け加えると、菩薩や屏風など大ものは王氏からの提供だそう。

和室に案内されると所狭しと伝統工藝品が整然と並ぶ。焼き物であれば有田、九谷、萩……と代表するものはほとんどある。着物であれば大島紬から友禅……。産地に形成されている民間工藝のこけしや、羽子板、人形、竹細工……。ないものはない。「だからといって高価なものではなく、手で触って、生活で使っていただきたいものばかり」とチャチャさん。そう、「みすみ」のコンセプトは「素晴らしい日本の工藝品を触ってもらい、お茶を飲み語らうこと」。近所で摘んだ野花がさりげなく挿されているのも主人のおもてなしだ。

驚くことに、チャチャさんはコロナ禍3年間にも日本全国60カ所の廃業寸前の骨董屋や旅館、工藝家を訪ねては産地のものを買い求めたそう。「日本人が生活の中で織りな

①荒川の清流は景勝地としても有名 ②唐時代の物観世音菩薩 ③旅先での物語りがある信楽焼き ④これから展開する花茶

『みすみ』をプロデュースした切り絵作家王超鷹氏は、埼玉県寄居で昔ながらの風土が感じられる地域固有の景観を守り、復活させる活動をはじめた。それが古民家だったり、工芸家育成のアトリエだったり、工芸茶（中国の花茶）栽培、海外インバウンドに貢献することだ

してきたさまざまな物語が聞こえるの」と、その健脚ぶりは80歳目前とは思えない。

これまでは、集めたものを王さんのいる中国へ持って行った。スーツケースに65キロギリギリまで入れて。それを売るわけでもなく、出会った中国人に差し上げてきた。なぜならば、日本文化を知ってもらいたいから。作り手たちの真摯な姿、長い間伝統工藝の歴史を守っている姿を伝えたいから。

今度は中国人の文化芸術好きな人たちに「みすみ」に来ていただき使ってもらう。お茶を点てて、和菓子と一緒にもてなす。客人が手にした茶碗にまつわる語らいで、楽しいひとときとなる。

チャチャさんは舞踊も雅楽も極め、古典芸術の深い学びをしてきた。後半の人生はその知識を放出し、心同じくする人たちと楽しみ、寄居町の役にも立ちたいと話す。この古民家「みすみ」が寄居に幸せを呼ぶことになるだろう。

古典藝術伝道師
松本瑜伽子

数多くの文化人や芸術家が集う家で幼少期を過ごす。それにより日本舞踊、ピアノ、声楽、絵画、書道、茶道、箏曲など一流の師に学ぶ。中でも日本舞踊は最年少で師範、茶道の裏千家は教授を取得。雅楽は東儀博氏に特別待遇にて習得。日本雅楽協会に所属し文化庁行事にて演奏。現在は古典藝術伝道師として「みすみ」にて活動中。

みすみ

埼玉県大里郡大字寄居町
寄居 872 番地

民俗踊りのお面、烏帽子、鳴り物を取り出し語らうチャチャさん。4～500年前のものと言われ、お面専門の人から譲り受けた。造形上の技法は多面的で、木目や刻みの深さや付け方、光で表情が変化する

王超鷹氏がオーストリアの要請で作った個展作品。タイトルは『女の一生』。中華女性の人生を物語り、平和の大切さと美しさを切り絵で表現した。縦3メートル×横2メートルが12点で構成

伝統工藝の神髄と
47都道府県の工藝をぬかりなく紹介
『和くらし・くらぶ』が上梓

伝統工藝とは暮らしの中で使うもの

『47都道府県 伝統工芸百科』は3名の共著で作られた。今回、関根由子さんと指田京子さんに話を聞いた。なんでも、得意分野を3人で分担して約1年かけて作られたそう。47都道府県別に伝統工藝があるので、まんべんなく記したい思いはあれど、京都などは伝統工藝品が30以上もあるので選ぶのに困ったとか。

この本が読みやすいのは、「そもそも伝統工藝とはなんぞや」がはじめにしっかり書かれていることだ。伝統工藝というのは、長年暮らしの中で使い続けてきた身近なものなのだ。自然素材で作られ、唯一無二。伝統的な技術や技法によって受け継がれ、感性の産物でもあり、一定の地域に産地が形成されているのも特徴だ。伝統工藝の歴史についても古代から現代まで述べられている。メディア関係者などは概論が知りたいので助かる文脈だ。また、小中学生のように「自分の県の工藝について調べてみたい」といった要望にも応えられるし、旅行に行く前にチェックするのにも便利だろう。各地域の特性をしっかり読んで欲しい。

著者たちが伝統工藝品の産地と関わりがあり、信頼関係があったからこそ書ける内容だ。3名の共著が実力発揮した部分だろう。それと言うのも、関根さんは長年日本各地の職人たちへの取材を行なってきたジャーナリスト。指田さんは日本全国の伝統工藝を紹介する基地「伝統工芸青山スクエア」【運営（一財）伝統的工芸品産業振興協会】で職人たちの活動を主催し、講座、展示会などの企画に携わってきたプロだ。佐々木雅子さんも同様、協会に奉職し、学術研究家肌で健筆。

『47 都道府県　伝統工芸百科』
（丸善出版・定価 4,400 円）

新しい時代の「和くらし」を楽しみたい

現在3名は現職を離れ、他1名と共に『和くらし・くらぶ』で活動をしている。これまでの経験を生かして職人たちの困りごとの相談に乗っているのだ。基本ボランティアだそう。彼女たちは単なる仕事でのつながりではなかったのだ。「産地では、尊敬するしかないものづくりをしている作り手たちとの出会いがあります。だから、自然とお手伝いしたくなるのです。それに、皆さんからは、ものを作る人の考え方、生き方を学びますし、そこに本当の豊かな暮らしがあることも学びます。これまで私たちが仕事をさせていただいてきたことの恩返しですね」とも。経路は違う4名が集まった『和くらし・くらぶ』。心を同じくするからこそ、深みのある本が出来上がったのだろう。ぜひ、ご一読を。

指田京子

大学秘書を経て、（一財）伝統的工芸品産業振興協会に勤務し、拠点である伝統工芸青山スクエアにて各地職人たちとともに、展示会や講座の開催に携わってきた。2019 年の退職を機に、「和くらし・くらぶ」の同人として伝統工芸の作り手との活動を続けている。

関根由子

地方新聞社へ家庭欄の記事を配信する家庭通信社の代表を務めた。長年、各地の女性職人たちへの取材を行い交流支援に努め、日本文化普及の「和くらし・くらぶ」を主宰。著書に『伝統工芸を継ぐ女たち』（学藝書林）、『伝統工芸を継ぐ男たち』（論創社）などがある。

通算25年中国駐在の元外交官・瀬野清水氏が語る

中国の「両箇結合（二つの結合）」から読み解く今後の日中伝統文化交流

文・写真／瀬野清水

私が生まれた長崎県が誇る「魂の麗人」、歌手で俳優の美輪明宏さんの言葉に「人間はどんな成分でできているかと申しますと『肉体』と『精神』で出来ています。肉体の健康を維持する為の栄養材は食料です。では一方の『精神』を維持するための食料、栄養材は何かと言えば、それは文化です」「その中でも上質なものを選ばねばなりません。質の悪い文化を食べれば病気になります」というのがあります。精神が栄養失調になると他人を思いやる余裕がなくなり、人生の希望も薄らいでしまいますが、人は今日、何を食べようかと肉体の栄養には気を配っても、精神の栄養にはなかなか気付かないものです。

私が初めて中国の大地に足を踏み入れたのは１９７６年のことでした。香港から深圳に架かる鉄橋を徒歩で渡って、深圳から広州に向かう列車を待っていると、大勢の子どもたちが集まってきました。当時は駅のホームは出入り自由で、外国人が珍しい時代でした。丸刈りの頭に青洟を垂らし、短パンで砂埃の中を走り回る子どもたちを見ていると、終戦間もない筆者の少年時代と二重写しになって懐かしさでいっぱいになったものです。あれから45年。深圳は高層ビルが林立し、あの貧しさがまるで別の国だったかのような変貌ぶりです。庶民の「三種の神器」が50年代は自転車、腕時計、ラジオであったものが、70年代には洗濯機、ミシン、カメラに、90年代には携帯、エアコン、オーディオに代わり、今では住宅、車、コンピュータになるまで、ひたすら豊かさを求めて駆け抜けてきました。欲しいものが一つひとつ手に入り、家の中の「モノ」は確かに豊かになったのに、果たして「心」は豊かになったのでしょうか。職場で熾烈な競争に晒され、ストレスや焦燥感、孤独感に苛まれる様子を中国語では「内巻」というようですが、昨今の「寝そべり族」や卒業ガウンを着たまま階段や道路に倒れ込んだ写真をSNSで発信している「死んだふり卒業式」の映像を見ていると折れそうな心を支える精神的な栄養材が求められているように感じるのです。

7月の1カ月に届いた『人民日報』はほぼ毎日のように「両箇結合」を取り上げていた

日本の学校を訪問し、自分の名前を毛筆で書いて交流する中国の小学生たち

美輪明宏さん流に言うと、精神の栄養失調を改善するには、文化という食料が必要です。

　前置きが長くなりましたが、今回のテーマ「両箇結合」（二つの結合）は、マルクス主義の基本原理に「中国の具体的実情」と「中華の優秀な伝統文化」を結合させるという、習近平国家主席の最新の理論です。最新と言ってもその概念自体は2年前の2021年7月1日、共産党成立100周年記念大会で発表されたものですが、本年6月に北京で開かれた文化伝承座談会で、習近平氏から更に進んだ重要講話が発表されたことから、連日のように中国のメディアが取り上げるようになりました。「二つの結合」の内、中国の具体的実情をマルクス主義の基本原理と結びつける「第1の結合」は毛沢東の時代からすでに行なわれてきていたことで、それ自体に新味はありません。19世紀の初め、ドイツに生を受けたマルクスが当時の民衆を何とか幸福にしたいとの願いから生み出した革命思想がドイツではなく、ロシアと中国の国情に根付いた結果、中国では中国共産党の指導の下で豊かな繁栄を築き上げました。一方、「第2の結合」は、中華の優秀な伝統文化とマルクス主義の基本原理を結びつけようとするもので、中国の未来を予測する上で極めて重要な意味を持っていると思われます。

　本年6月1日、習近平氏は北京にある中国国家版本館と中国歴史研究院を視察しました。中国国家版本館というのは、中華5000年の文化遺産を保存し、継承する図書館、博物館、美術館、史料館の機能が一体化した収蔵施設で、北部の北京の本館の他、西部の西安、東部の杭州、南部の広州の4箇所にそれぞれ分館を設け、2022年7月末に同時オープンしています。習近平氏は、翌2日に設立4年目を迎えた中国歴史研究院を訪れ、同日、歴史研究院で開かれた「文化伝承発展座談会」で「5000年を超える中華文明の基礎の上に中国の特色ある社会主義を発展させるには、マルクス主義の基本原理を中国の具体的実情と中華の優秀な伝統文化に結合させることが必須の進路となる」「これは我々が中国の特色ある社会主義の道を探索する過程で生み出した認識であり、成功裏に獲得した最大の宝物である」「長遠なる歴史の連続性の視点から中国を理解しなければ、古代中国も現代中国も理解できない。ましてや、未来の中国を理解することなどできない」と述べています。この時の一連の話は「重要講話」とされており、マルクス主義の基本原理を中国の具体的実情に結合させることを「第1の結合」、マルクス主義の基本原理を中華の優秀な伝統文化に結合させることを「第2の結合」といい、合わせて「両箇結合（二つの結合）」と称されているのです。中でも「第2の結合」は、中国の新たな思想解放、マルクス主義の中国化、時代化に新境地を開くもの、新時代の中国を理解するための扉を開く鍵、伝統文化の生命力を活性化するもの、中華民族の精神的独立性、文化の主体性、世界文化の激しい衝突の中で自らの足場をしっかりと支えるものなどと報じています。

　ここで5000年を越える中華の優秀な伝統文化と言われているのは、中国の伝統文化を世界で最大限に活用しようとする試みと言えるでしょう。党規約には「三つの代表」重要思想の二つ目に、中国共産党は「中国の先進的文化の前進の

囲碁は遣隋使の前から朝鮮半島を通じて日本に伝わった中国の伝統文化だ。8月11日、日中青少年の友好囲碁交流大会が東京で開かれた

7月31日に開かれた、第2回日中青少年書法展の開幕式で。中国の書法も日本では書道として定着し、日本の各地に書道教室がある

日本で生活する華僑、華人の子弟も週末や放課後を利用して中国語の朗読、舞踊、民族楽器の演奏、絵画、書道などを習い、夏休み中に発表会が行われていた

方向を代表する」ことを明記しています、２０１７年の第19回党大会では、２０３５年までに実現すべき六つの目標の一つとして「国の文化的ソフトパワーが著しく補強され、中華文化に、より広く深い影響力が備わっている」ことを掲げています。中国は文化強国、ソフトパワー強国という長期構想の実現にいよいよ取りかかったのではないかと思われます。

『人民日報』の論説では、マルクス主義は「魂」であり、中華の優秀な伝統文化は「根」であると紹介されていました。更に、中華の伝統文化の根っこには「天下は公の為に（天下為公）」「民は国家の基本（民為邦本）」「政（まつりごと）を為すに徳を以てす（為政以徳）」「天人合一」「厚徳載物」「親仁善隣」「自強不息」などの人生哲学や価値観、道徳観が現在も脈打っています。渋沢栄一さんの著作『論語とそろばん』を持ち出すまでもなく、中国５０００年の歴史の試練に耐えて今日まで継承されてきた中国の古典や芸術文化は、汲めども尽きない人類の知恵そのものです。中華民族のみならず、どれだけ多くの世界の人々が論語や漢詩や司馬遷の『史記』等、中国の古典の登場人物の生き方に学び、示唆に富む教訓から大きな励ましと生きる勇気を教わってきたか計り知れません。中国はマルクス主義の基本原理を「魂」としつつも、民族や国民性、伝統、風俗等の「根っこ」が現実社会を生きる人々の生活から離れては、イデオロギーは教条主義に陥るだけということを過去の経験にまなんでいるのです。マルクス主義も時代と共に「現代中国のマルクス主義」「21

日本の学生たちが披露する伝統舞踊を見学する中国の小学生たち

コロナ禍直前の2020年1月、中国から約30人の小学生と約20人の中学生が来日し、それぞれ出会いと別れがあった。文化には人と人を結びつける見えない力があるようだ

日本の伝統芸能とされる歌舞伎や能、狂言、文楽やそこで使われる楽器もその多くが中国に由来している

漢字は日中間共通の文化。イベントで「福」の字を書きながら交流をする様子

日中青少年文化芸術コンテストで見事特金賞を受賞した少女と記念撮影

世紀のマルクス主義」へと進化発展しゆくべきであり、その原動力となるのが「二つの結合」ではないかと思っています。

日本は、中国から多くの文化や芸術を取り入れてきましたが、それでも和歌や俳句に詠まれる自然と一体となることを好む「わび」「さび」の世界や質素、清貧、静謐、潔さを重んじる生活習慣など、中国と異なる独自の文化を発展させてきました。日本も中国も、独自の根を地中深くに張り巡らすことによってのみ、世界に貢献できる強靱さを身につけることができるのです。換言すれば、それぞれの国にはそれぞれの伝統文化があり、各自の歴史や文化に深い自信と誇りがあってこそ国際人といえるでしょう。

日本の名目GDPの4倍を超える経済規模にまで大発展を遂げ、世界第2位の経済大国となった豊かな中国が、マルクス主義という政治、経済、社会のイデオロギーと「中華の優秀な伝統文化」という精神的支柱を結びつけることによってどのような化学反応をもたらし、どのような自己変革の原動力となるかは未知数です。しかし、少なくとも5000年を越える中華文明の大きな包容力で相互の違いを敬意を以て認め合う、新しい時代の文化交流が幕を開ける予感がしています。

中国には限りある地球の資源や、かけがえのない地球環境に大きな負荷をもたらすモノの豊かさを競う時代から、優秀な伝統文化に裏打ちされた文化大国として精神の豊かさを競う時代へと、世界を先導するリーダーになって欲しいと願っています。

（本文は2023年8月1日発行の『日中協会会報』に加筆・修正したものです）

瀬野《せの》　清水《きよみ》

元在重慶日本国総領事館　総領事

1949年長崎生まれ。75年外務省に入省後北京、上海、広州、重慶、香港などで勤務、2012年に退職するまで通算25年間中国に駐在した。元在重慶日本国総領事館総領事。現在、（一社）日中協会理事長、アジア・ユーラシア総合研究所客員研究員、成渝日本経済文化交流協会顧問などを務めている。共著に『激動するアジアを往く』、『108人のそれでも私たちが中国に住む理由』などがある。

日中友好青年大使から見た中国

相互往来が復活
今後の青少年往来に向けた施策を

文・写真／井上正順

2023年8月 新型コロナウイルス感染症の影響で止まっていた東京都日中友好協会の「中国大使館で中国映画を鑑賞する会」が4年ぶりに開催

連載 第10弾

2023年の中盤に入り、日中両国の入国に関するビザ（査証）が緩和され、往来が復活し始めていると感じている読者も多いのではないだろうか。

春先、中国からの経済代表団が毎日のように日本を訪ね、高級ホテルの会議室や宴会場を使い大規模なプロモーションイベントを行っていた。

7月に入り、これまで富裕層向け（年収25万元以上）且つ北京・上海・広州の3箇所に絞って発給していた個人向け観光ビザの条件が大きく緩和され、年収6万元以上、中国にある日本の在外公館全7箇所で受付、取扱旅行業者も6倍近く増加した。

8月に入ると中国人の団体旅行客のビザ発行が緩和された。

一方、同じく8月には日本人の中国渡航時に必須であった指紋採取が、旅行やビジネス、親族訪問など一部のビザに限り免除されるなど、3年間に渡り両国の往来を阻害していたビザ政策が双方で緩和された。それに伴い航空便が増便され航空券も値段が下がり、両国の往来や交流促進の機運が高まっている。

特に夏休みに入り、青少年視察団や交流団の派遣が目立ってきている。その中でも中国の大学や教育機関から派遣される青年訪日団や親子留学研修が多く、東京都日中友好協会では重慶市国際教育交流協会中日分会が派遣してきた青少年代表団の受け入れや、『人民中国』が派遣した日本研修プログラム内の青年交流を担当した。

コロナ禍前と感じる大きな違いについては、以前であれば日本への旅行経験がある参加者が研修プロ

東京都日中友好協会が派遣する青年訪中団。倍率の高さからも訪中需要が高まっていることが伺える

『人民中国』研修団で来日した中国人学生と行った青年交流会

『人民中国』から派遣された訪日研修団の修了式

重慶市国際教育交流協会中日分会の訪日研修
中国駐日本国大使館教育処での交流会

重慶市国際教育交流協会中日分会の訪日研修
東京都日中友好協会の事務所で行った交流会

中国駐日本国大使館教育処にて教育処職員と重慶側学生との意見交換会

グラムに参加していたが、今回に関しては全体の8割以上が初来日だった。

また、9月上旬には中日友好協会の招聘にて、公益社団法人日本中国友好協会をはじめ複数の団体、大学などからの青少年訪中団が、9月下旬には北京市人民対外友好協会からの招聘にて、65名の青少年を派遣する。この65名の定員に対して240名近い申込があり、青年層の中国渡航ニーズが高いことが伺える。

このように、失われたコロナ禍の3年間を取り戻すかのような勢いで日中両国の往来が復活し始めている。その中で大事なことは、研修プログラム参加後に学生たちが所属、もしくは活躍できる場の提供である。学生たちがリアルな日中両国を体験することで、より相手国の文化、歴史、芸術、言語などに興味を示し、より積極的に学びや交流の機会を得ようとしている。

ただ現状としては、学生たちが帰国後に活動したり興味関心を探求したりする場が少なく、すぐに日常の生活に戻ってしまうケースが大多数だろう。

東京都日中友好協会では、訪中団参加後に事後報告会を企画したり、公費派遣プログラムへ誘導したり、青年委員会への加入を促すなど、いくつかの選択肢を設けている。また、自身の団体への所属を促す以外にも、大学生向けのサークルやインカレで活動する日中交流サークルなどに入るのも手段である。

大事なことは「鉄は熱いうちに打て」と言うように、日中の交流によって青年たちに向けて撒かれた友好人士の種をいかに開花させるか。そのために、いかにして日中関係の活動に参加してもらったり交流をしてもらったりする中で、友好の太陽と水を提供し続けられるか、ということだ。私自身も日中友好大使として、より一層の努力をしていきたいと思っている。

井上《いのうえ》 正順《まさゆき》

1992年生まれ。北京語言大学漢語国際教育専攻学士・修士号取得。留学中は北京語言大学日本人留学生会代表、日本希望工程国際交流協会顧問等を歴任。2019年に中国でスタートアップを経験。2020年9月に学友と日本で起業。東京都日中友好協会では副理事長、日中友好青年大使として様々な日中交流活動を企画・運営している。

間《ま》は魔だ

言葉をつなぐ沈黙の間

気の合う人との会話は楽しいですね。言葉の返しの間《ま》が程よいのだと思います。ラジオの放送劇を担当していたころ、劇中人物が「あっ！」と、持っていたものを落とす。落ちた音を入れるタイミング「間合い」に効果音担当者のセンスと技量が試されたものです。今回は間には「魔」もある話です。

文／加藤和郎　写真／高谷治美

武蔵坊弁慶／9代目市川團十郎と富樫左衛門
5代目尾上菊五郎(国立劇場蔵)

教えようのない魔の力

「間は魔だ」とまで言ったのは、歌舞伎の6代目尾上菊五郎です。それは9代目市川団十郎のこんな口伝に由来するのだそうです。「間というものには二種《ふたいろ》ある。教えられる間と教えられない間だ。教えてできる間は『間《あいだ》』という字を書く。教えてもできない間は『魔』の字を書く。私は教えてできる方の間を教えるから、それから先の教えようのない魔の方は、自分の力でさぐり当てることが肝心だ」。

語ることで話を展開する落語や朗読と違い、舞台上で動くことは、つまり身体すべての動きによって「心の中の思い」までを伝える。歌舞伎は、あえて「間をとる」(動きを停止する)ことで、「観客と思いを共有する」のでしょう。

「見得《みえ》を切る」という言葉がありますね。首を回したり、手を広げたり、足を踏み出したりなど、大きな動きをして、そのまま静止することですが、これこそが間を最大限に表現したものであり、役者絵の多くは、この状態を描いていると言ってよいと思われます。

舞台を見ていても、この瞬間はまさに一枚の絵なんですから……。「間は日本の瞬間美」だと納得させられます。

連載　第7弾

『間』の重要性について

また、一人きりで何人もの人物を会話形式で描き分ける「落語」は、声質や声量とは別に、話術としての緩急や強弱・抑揚に加えて『間』が重要です。聞く人(客)の頭の中に、まず情景を思い描かせ、登場人物の職業や歳の頃、せっかちなのかのんびり屋なのかの性格までを演じ分けたうえで、意外な展開によって話を落とすのが落語です。旭日小綬章を授与された桂歌丸師匠(１９３６〜２０１８)は、インタビューに応えて「同じ噺《はなし》をやっても、お客様に受ける人と、まるで受けない人がいます。違いはどこにあるかというと、間なんですよ。間以外に何もない」と話していました。

さらに、話芸の達人と言われた徳川夢声《むせい》は、『放送話術二十七年』(１９９６)で「話術とは、間術なり。話の中にしゃべらない部分がある。これを『間』という。こいつが、実はなにより大事なもので、食物に例えて言うなら、ヴィタミンみたいなものでしょうが……、その重要性を、ただ生理的に無神経に、言葉と言葉の句切れをつけるのでなく、張り詰めた神経を鋭敏に動かして、レーダーのごとく、成果有無比適不適をつける沈黙の時間なのです」と述べています。

ところで、間は日本独特のものではありません。シェークスピアの『ハムレット』の一節を思い出してください。「生きるべきか、死ぬべきかそれが問題だ」。この2句の間にある、これこそが間ではないでしょうか。一気に言ってしまわずに、読者に考える時間を与えています。言葉を投げかけた後、どれほどの空白を開けて、次の言葉を続けるか。

言葉の空白の合間《あいま》ですが、最初の言葉（第一句）が強い言葉であれば、聴く人は「えっ」と聴き耳を立てて、続く言葉に集中します。歌舞伎の場合は、言葉だけでなく所作（体の動き）も停止するため、より緊迫感を高めるのです。

幸い芸道を継ぐ必要はなく、私道《わたくしみち》を勝手に歩くことを許されている我々は、とりあえず「間抜け」にだけはならないように気をつけたいものです。また、許されないのはぞんざいな『間』の扱いです。まさに、「間違い」という言葉が示す通りです。

今号の『和華』は、工藝がテーマだとか。九代目市川團十郎の十八番『暫』を、左にむさしや豊山さんの羽子板で紹介しましょう。

……江戸時代歌舞伎を賑わせた九代目市川團十郎の羽子板……

正月に羽子板を飾ったり、女の子の初正月に羽子板を贈る習わしは、古くから伝わる魔除け、厄祓いの意味によるものです。江戸押絵羽子板は綿を布でくるんで、さまざまに立体的な絵柄を仕上げげる「押絵」。江戸時代後期の文化文政期（1804～1829）になると歌舞伎役者の舞台姿を写した羽子板が登場し、江戸の人々の人気を博しました。歌舞伎の発展とともに発達し、その伝統的な技法は今日も受け継がれ、現在の押絵羽子板師たちが伝統工芸品「押絵羽子板」製品を作りだしています。左の羽子板は『むさしや豊山』の親方作團十郎を模した『暫』。毎年、12月には台東区の浅草寺境内で羽子板市が開かれます。

江戸押絵羽子板 むさしや豊山
〒130-0011 東京都墨田区石原 1-28-3
TEL.03-3622-0262
info@hagoita.co.jp

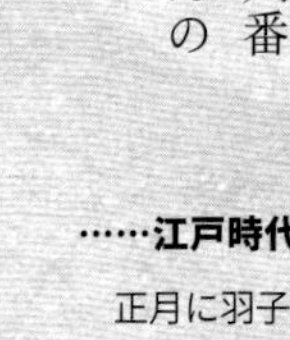

加藤《かとう》 和郎《かずろう》

NHK 報道局でニュース取材・特別番組の制作、衛星放送局では開局準備と新番組開発に従事。モンゴル国カラコルム大学客員教授（名誉博士）。「ニュースワイド」「ゆく年くる年」などの総合演出。2003 年日中国交 30 周年記念（文化庁支援事業）「能楽と京劇」の一環で北京・世紀劇院での「葵上」公演をプロデュース。名古屋学芸大学造形メディア学部教授を経て、現在はミス日本協会理事、日本の寺子屋副理事長、能楽金春流シテ方桜間会顧問、i-media 主宰など。

トン族・鼓楼のある村

中国万華鏡　第5回

佐藤憲一

鼓楼が村人たちを見守る。
朝まだ早いうちに農作業にでかける。

収穫が終わったばかりの田んぼが陽の光に輝き美しい。

中国万華鏡　第5回

トン族・鼓楼のある村

長い間『地球の歩き方』中国編の撮影に携わってきたので、中国はほぼ全土を訪ね歩いた。雲南省と共に少数民族の宝庫である貴州省を初めて訪れたのはやはり『地球の歩き方』の取材で1998年ぐらいのことだっただろうか。

　トン族やミャオ族の代表的な村をいくつか取材し、その時に一緒についてくれたミャオ族のガイド万さんが「数百年前の鼓楼が今でも残っている秘境のトン族の村があるんですよ」と教えてくれたのが増衝村だった。翌年、万さんと一緒に訪れることにした。

　当時は道も整備されていなかったので、近くの大きな町から未舗装の山道を車で数時間。最初の訪問時は雨で道がぬかるみ、普通のセダンでは踏破できず、いったん町に戻って翌日四駆のパジェロに乗り換えてなんとか増衝村にたどり着いた。しかし、そのアクセスの悪さゆえに増衝村に観光客が訪れることはほとんどなく、トン族の昔ながらの暮らしや文化が豊かに残されていた。

　それ以来2005年ぐらいにかけて、春・夏・秋と何度か訪れ、村には宿もなかったので村人の石さんの家に居候しながら、昼は田んぼ仕事を手伝い、夜は一緒に酒を酌み交わしながら、写真を撮った。

　貴州省東南部の山の中にある増衝村は標高700メートル、人口は約1500人。天まで届かんばかりの棚田で米をつくり、布を織り、藍染めをし、唄を歌う。トン族は優れた建築技術をもち、鼓楼と風雨橋が村の景色をいろどっていた。川に囲まれた美しい村の中心にそびえたつ鼓楼1673年築で、トン族最古。高さ20数メートル、13層の軒が連なり釘は1本も使われていない。屋根がかかる風雨橋は村人が行きかう場所であり、仕事をする場でもあった。村には木造3階建ての家が建ち並び、連なる瓦屋根が美しい。

　トン族の文化は日本古来の文化とも様々な共通点があり、日本の昔の時代にタイムスリップしてしまったかのような日々。村には物はあまりなかったが、人生に必要なものはほとんどあった。

①	
③	②

①風雨橋は鼓楼とともにトン族のシンボル。村人たちの暮らしが垣間見える。
②居候していた石家のおばあちゃん。人生の年輪が刻まれた顔が美しい。
③正式な衣装は藍染めだが、娘たちは普段も簡易的な民族衣装を着ていた。

佐藤《さとう》　憲一《けんいち》

1963年千葉市生まれ。金沢大学文学部を卒業後、ユーラシア大陸を一年間かけて横断旅行。鑑真号で海路上海に渡り、中国を3カ月かけて回ったのがそのスタートだった。それ以来の中国との縁で、『地球の歩き方』中国編の撮影も1990年代から担当し、現在まで100回以上渡中し中国ほぼ全土を訪れている。貴州省の少数民族トン族の撮影がライフワークのひとつ。日本写真家協会(JPS)会員。

『和華』レポート

「游於藝《げいにあそぶ》」

講演・対談・パフォーマンス・ライブ

～わが道を極めた生き方～

文／高谷治美

景道三世家元
小林一風《こばやしいっぷう》
×
高野山真言宗前官
静慈圓《しずかじえん》

「藝に游ぶ」とは
騒ぐことでなく
学問武芸に悠々楽しむこと

驟雨が涼をもたらす、新緑まぶしい春花園ＢＯＮＳＡＩ美術館。６月23日、高野山の最高位であり弘法大師空海の名代・静慈圓氏をお迎えし、園主小林一風（國雄）氏との対談、講演、パフォーマンス・ライブと盛りだくさんのイベントが開催された。

静氏は50年以上にわたり空海の研究と後進の育成に尽くしてこられ、密教を通じ中国との間に学術文化交流の道を切り開き、人間空海の道を辿る「空海ロード」を中国に開創した。「空海として生きる」を名実ともに体現している。めでたく今年は空海生誕１２５０年でもある。

当日は静氏のもう一つの顔、書道家としての一面を見せていただき、盆栽作家の鬼才である小林氏とともに藝について語り合うことに。

「藝に遊ぶと言ったら、皆さん、芸者さんと遊ぶイメージをおもちではないですか」と、司会で筆者の投げかけに、すかさず小林氏は「芸者さんと遊ぶのもいいですが、今日はちょっと違います」と真面目顔。さて、対談はいかに。

多くのオーディエンスに囲まれてイベントは盛況。両先生の話に食い入る様子

景道の教室の生徒でフランス人のマニグルエ真矢さんは日本文化に興味津々

春花園BONSAI美術館館長・神康文氏、右側が静先生、左は司会の筆者

景道家元三世小林「一風」の揮毫を静氏より贈呈

景道家元三世・小林一風
1948 年、東京生まれ。ある盆栽との邂逅がきっかけで盆栽の道へ入る。師匠を持たず独学で盆栽を学び以降 50 年以上盆栽界のトップを走り続ける。内閣総理大臣賞（４回）、国風賞（６回）、文化庁長官賞受賞等多数受賞歴あり。2022 年末に景道家元三世を継いだ。

高野山真言宗前官・静慈圓
1942 年、徳島県の寺院にて生まれ。高野山大学教授、副学長、高野山霊宝館館長等の要職を歴任され、爾来、空海の研究と後進の育成に尽くした。高野山真言宗の最高僧位で第 519 世寺務検校執行法印に就任。2023 年春の叙勲において瑞宝小綬章を受章。

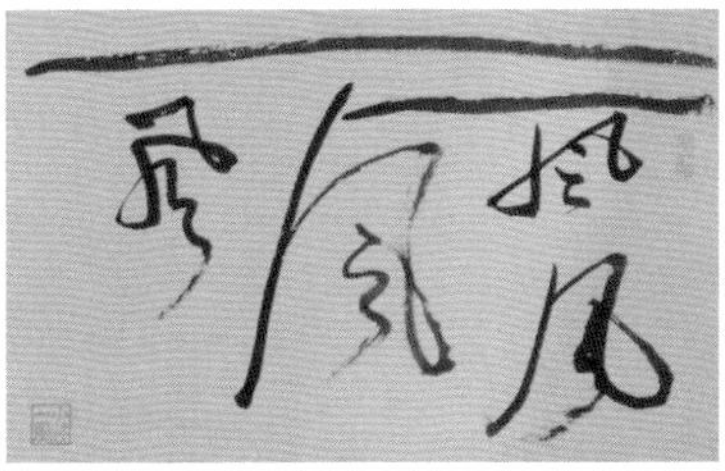

２番目に飾った「一風」は、好奇心旺盛の小林氏を表しておりお茶室に合った

はじめにお茶室に飾った「一風」は内面が力強すぎると感じた小林氏

小林：2年前のコロナ禍に静先生と対談の仕事があり、高野山に伺いました。まぁ、寒い日でした。いろいろ話をして感服した私は最後に、厚かましいと思ったのですが、先生に「人を知らずして道は拓けず」を書いてくださいとお願いしたんです。すると先生はおもむろに筆をとりだして和紙にさらさらっと書いてくださいました。今、この美術館『啓雅亭』の玄関に飾ってあります。「私も書をやろう！」その翌朝から、書の手習いは始まりました。

静：そうですか。それはいいことですね。私は、家が寺なので高校生で法事に出され、お塔婆を書いていました。当時は、自分の字が下手で本当に嫌でしたよ。また、私が習っていた先生は、唐代より古い時代の字を学びなさいという教えでした。しかし、その字がなにを書いているのかわからない難しい字で。ですが、空海を研究するためには梵字、仏画、書道を極めないといけないと思い長い学問の道へ入っていきました。

小林：今回、私は景道三世家元を継承したのですが、号である「一風」を静先生に2枚揮毫していただきました。ありがとうございました。

静：字というのは、おもいが表れます。たとえば、板は力をかけたらすぐに割れてしまいますが丸太は折れない。丸太で書く気持ちで字を書くのです。

小林：そうですか。揮毫していただいた字の一枚はお茶室に飾ってみたけど、なにか違うと思いもう一枚と交換しました。

静：違いがわかりましたか。

小林：床の間は目に見えない空間の中に存在させるもので、それを手助けするのが掛け軸であり、書であり飾る人の境地です。

静：その人の芸術的才能や感性、そこに境地が一体となって飾るということですね。

小林：そうなんです。1番目に飾った「一風」は内に秘めた力強さが出ており、盆栽で言ったら文人木も同じで、細いのに存在感があります。2番目は好奇心が旺盛な書なのでお茶室に合ったのです。ところで、最後に先生にお聞きしたいのですが、私は好奇心と興味が強くて欲が深いのですがそれはいけないことでしょうか？　仏教では足るを知るなんてのもありますから。

静：真言密教ではこれを「大欲清浄《たいよくしょうじょう》」と言います。清らかな欲であればおおいにかいていいのです。最初から満足していたら成長しません。欲をかくから、もっと上にいこうと思うし人に施すことができるようになるのです。

　静先生のこの言葉は、小林一門はじめ観客たちの心に響く、忘れ得ぬ「今日の金言」となった。

文人木は細くても内面から出た力があり、
内に秘めた力が魅力的な木だ

景道家元三世・小林一風が解説

空海の生涯を盆栽水石で表現した三しつらい

当初の飾り

変更を加えた飾り

弘法大師空海とは

平安時代初期に実在した僧侶。遣唐使として唐（中国）へ渡り、密教を学んでから帰国した後、日本で真言密教の教えを説き、開宗したのが真言宗。自分のことは後回しにして人の幸せのために働き、すべてを受け入れ万人に手を差し伸べる包容の人。中国語やサンスクリット語に造詣が深く仏画や書にも長けた天才。

今年は空海生誕１２５０年。様々なところで空海イベントが企てられている中、景道家元三世・小林一風はいち早く空海企画を主催した。それも前代未聞、空海の生涯を三つの床の間で表現し、掛け軸には空海の名代である静慈圓氏の書を飾るというのだ。

草の間　―空海の目覚め―

一風家元の見立て

主木は山もみじ、軸は滝の絵。空海は幼い頃、山間部での荒業を収め高知県の室戸岬の洞穴の中で座禅を組んだ。その時に視界に入るものただ一面の空と海だけだったことを通じて、自分の名を空海と称するようになった。

最初のしつらいは「山もみじと滝の絵」。山中で滝行に勤しむ空海と、室戸岬の洞窟に吹き付ける強風と荒波を想像していただきたい。これを見た静先生は「平安是福」と書いた。まさに、滝の荒行から穏やかなる境地を目指して表現したかったのだろう。

「平安是福」を書く静先生

行の間　―空海唐に渡る―

一風家元の見立て

主石の水石は揖斐川石で、島型の石影は中国大陸を表わす。唐に渡った空海はわずか2年で密教の正当な後継者である恵果阿闍梨から秘伝を授かり、当時流行していた書の形式「飛白《ひはく》」を学んで帰国した。

ここの掛け軸の書は篆刻や書道で有名な西冷印社の元副事務局長書家・黄镇中さんに書いていただいた。「翰墨縁《かんぼくえん》」とあり、「翰」とは筆や手紙の意。幾度もの日を船に揺られ渡唐を果たした空海は仏典だけでなく書を通じて善き友と縁を作った。

島形の石の水盤飾りと添えられた仏僧の飾りは空海が現福建省の赤岸鎮《セキガンチン》に漂着し、長安の都へ悟りを求めて歩いた当時を思い起こした景色を表している。

当初の飾り

変更を加えた飾り

「翰墨縁」を書く黄鎮中さん

真の間 ——空海高野山の開山——

一風家元の見立て

最後の飾り主木は黒松。掛け軸は「古松談般若《こしょうはんにゃをだんず》」。古松とは何百年と生き続けてきた松、般若とは真理を見抜く智慧を意味する。

唐代に学び、あらゆる文化を極めた空海が遥か紀伊山地の高野山を開山する様を表した。「時間の蓄積が真理を明らかにする」ことでもある。まさに、「游於藝」の生き方ではないか。

はじめ、脇床には仏塔があったが、静先生は空海が洞窟の中で座禅を組んでいるのに変えて欲しいとのことで石を動かした。なるほど、先生の書「閑座して松風を聴く」にはよく合う。空海が開いた高野山は、1200年の時を経てより一層生きることの有り難さを説き続けていることを物語るしつらいとなった。

当初の飾り

静先生と「閑座聴松風」

変更を加えた飾り

書院に飾られた
八海山石・銘「御厨人窟」

最後は参加者全員で日中交流、わきあいあいと忘れ得ぬ日に

空海の三つのしつらいでは特別揮毫パフォーマンス・ライブが最高潮に。書家を囲んでその筆裁きを見つめ、「もっと書いてください」と扇子や書籍に書けど留まらず。春花園BONSAI美術館館長・神康文氏は、いつもながら海外に向けて同時通訳をしながらリモート配信といった凄技で裁く。

この日、静氏と小林氏の再会により書と盆栽の融合パフォーマンス・ライブが実現した。新しいアートがここ春花園BONSAI美術館にて生まれることになったのだ。今や、世界の美術館は鑑賞するだけではなく、お客様も体験するインスタレーションという手法が流行っているが、まさに新しい試みをご披露いただくこととなった。

中央に小林一風氏、静慈圓氏と参加者全員で、「游於藝」とともに

日中 Information

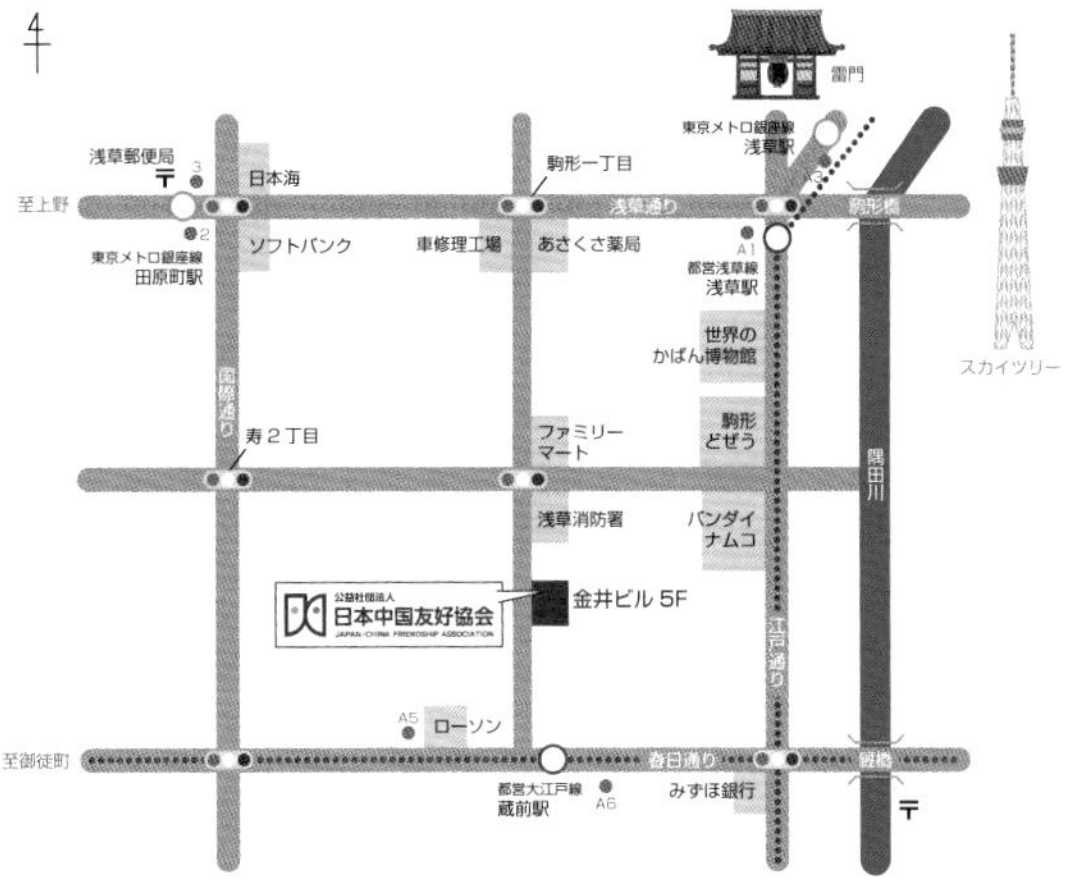

東京メトロ・銀座線「田原町」駅２・３番出口　徒歩７分
都営地下鉄・浅草線「浅草」駅 A1 番出口　徒歩６分
都営地下鉄・大江戸線「蔵前」駅 A5 番出口　徒歩５分

所在地：〒111-0043　東京都台東区駒形 1-5-6
金井ビル５階
TEL:03-5811-1521
FAX:03-5811-1532

1　公益社団法人 日本中国友好協会

1950 年に創立。日中関係団体の中でも最も古い歴史を持ち、各地に加盟都道府県協会を有する全国組織。日中共同声明と日中平和友好条約の掲げる精神を遵守し、日本国と中華人民共和国両国民の相互理解と相互信頼を深め、友好関係を増進し、もって日本とアジアおよび世界の平和と発展に寄与することを目的としている。

中国への訪中団の派遣や中国からの訪日団の受入れをはじめ、『全日本中国語スピーチコンテスト全国大会』、日中両国の友好都市間の交流の推進、中国への公費留学生の派遣、会報『日本と中国』の発行等の事業を行っている。

全国に都道府県名を冠した日中友好協会（県協会）と市区町村を冠した日中友好協会（地区協会）が 300 あまりの事業・活動を行っている。

毛沢東主席は周恩来総理とともに、中島健蔵理事長と会見した—1970 年 10 月１日 北京・天安門城楼

2　一般財団法人 日本中国文化交流協会

1956 年３月 23 日、中島健蔵 (仏文学者)、千田是也 (演出家)、井上靖 (作家)、團伊玖磨 (作曲家) らが中心となり、日中両国間の友好と文化交流を促進するための民間団体として東京で創立された。その活動を通じ、日中国交正常化の実現や日中平和友好条約締結に向けての国民世論の形成に寄与した。創立以来、文化各専門分野の代表団の相互往来を中心に、講演会、舞台公演、映画会、音楽会、文物・美術・書道など各種展覧会、学術討論会の相互開催等の活動を展開している。

当協会は会員制で、会員は文学、演劇、美術、書道、音楽、舞踊、映画、写真、学術（医学、自然科学、人文社会科学）など文化各界の個人、出版、印刷、報道、宗教、スポーツ、自治体、経済界などの団体・法人を中心とする。月刊誌『日中文化交流』を発行。
※入会ご希望の方は、日中文化交流協会までお問い合わせください。

所在地：〒100-0005
東京都千代田区丸の内 3-4-1 新国際ビル 936 区
TEL:03-3212-1766（代表）
FAX:03-3212-1764
E-mail:nicchu423@nicchubunka1956.jp
URL:http://www.nicchubunka1956.jp/

イベント情報　HP　f

3 日本国際貿易促進協会

1954 年に東西貿易の促進を目的に設立された。中国との国交正常化（1972 年）までの 18 年間は両国間の経済交流の窓口となり、民間貿易協定の取り決めや経済・貿易代表団の相互派遣、産業見本市、技術交流などの交流活動を展開してきた。

国交正常化以降は中国の改革開放、市場経済化の推進に協力。対中投資協力では、企業進出、現地調達・交渉等への人的協力、投資セミナーのサポートをしている。中国との取引や対中進出に欠かせない中国企業の信用調査と市場調査を中国企業とタイアップし推進。中国で開催される工作機械展の取り纏めや日本で開催される各種国際展への中国企業の参加に協力。旬刊『国際貿易』紙や中国経済六法等を発行し情報提供を行っている。

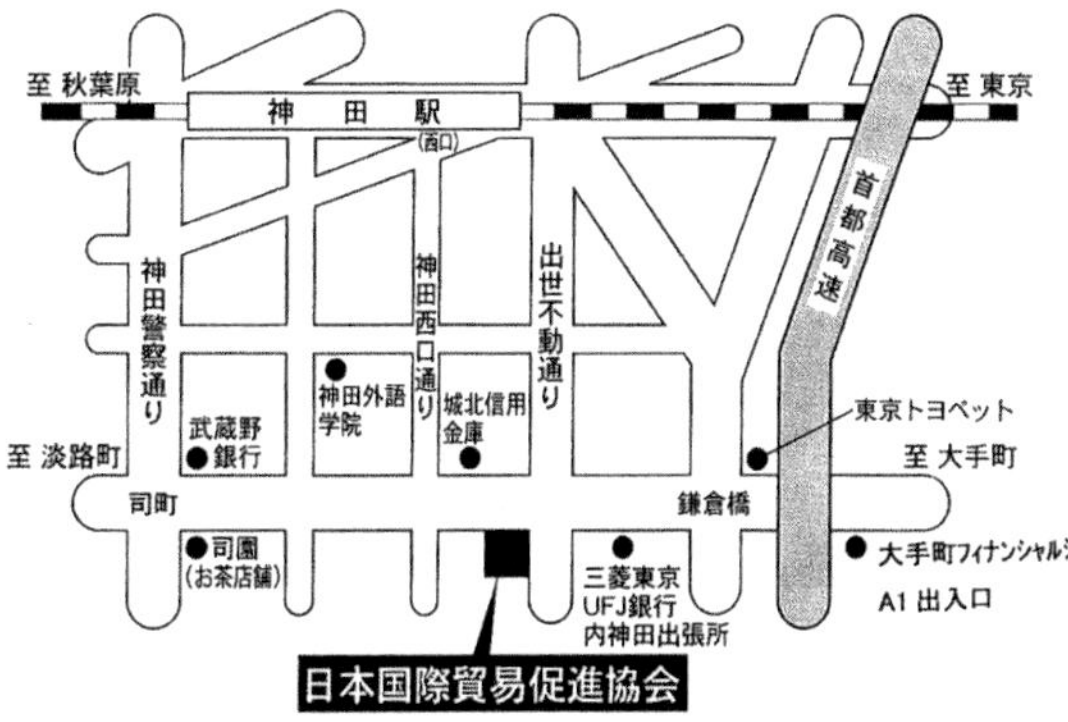

JR「神田駅」西口より徒歩４分
地下鉄「大手町駅」A1 出入口より徒歩５分
地下鉄「淡路町駅」淡路町交差点より徒歩６分

所在地：〒 101-0047
東京都千代田区内神田２-14-４
内神田ビルディング５階

TEL:03-6285-2626（代表電話 / 総務部）
03-6285-2627（業務本部・編集部）
FAX:03-6285-2940 URL:http://www.japit.or.jp

北京事務所：北京市建国門外大街 19 号　国際大厦 18-01A 室
TEL:010-6500-4050

1963 年 10 月１日、天安門楼上で会見。する石橋総裁と毛主席

2016 年訪中団汪洋副総理会見写真

4 一般社団法人　日中協会

1975 年９月 29 日、日中国交正常化３周年の日に「日中問題の国民的合意をつくる」という趣旨のもと、任意団体として「日中協会」が外務省・自民党・経団連を中心に設立された。1981 年に社団法人化、2014 年に一般社団法人化され、「日本国と中華人民共和国、両国民間の相互理解を深め、もっと両国の友好関係に寄与する」ことを目的として活動している。

主な活動は日中クラブ講演会、会報の発行、訪中団の派遣、中国帰国者のための協力、中国留学生友の会の活動支援、中国訪日団受け入れ、各種イベントの開催、各地の日中協会との協力など。

向坊隆・第２代会長（右）と鄧小平・党中央軍事委主席（1989 年 10 月）

野田毅会長、王岐山国家副主席と会談（2019 年８月 24 日）

日中クラブ講演会（2019 年 11 月）

所在地：〒 103-0025
東京都中央区日本橋茅場町 3-4-3 アンザイビル４階
TEL:03-6661-2001
FAX:03-6661-2002
E-mail:jcs@jcs.or.jp
URL:https://www.jcs.or.jp

- 日比谷線「虎ノ門ヒルズ」駅 A2 番出口より徒歩 2 分
  銀座線「虎ノ門」駅 2 番出口より徒歩 7 分
- 所在地 : 〒 105-0001
  東京都港区虎ノ門 3-5-1　37 森ビル 1F
- TEL:03-6402-8168
  FAX:03-6402-8169
- E-mail:info@ccctok.com
- URL:https://www.ccctok.com
  開館時間 : 月曜 ~ 金曜　　10:30~17:30
  休館日 : 土日祝・展示入替作業日・年末年始

※都合により内容が変更になる場合がございます。最新情報は中国文化センターのホームページをご確認ください。

5 中国文化センター

中国文化センターは、2008 年 5 月に胡錦濤国家主席が訪日した際、中国文化部と日本外務省が締結した「文化センターの設置に関する中華人民共和国政府と日本国政府との間の協定」に基づき設立。2009 年 12 月 14 日、習近平国家副主席と横路孝弘衆議院議長により除幕式が行われ、正式にオープンした。

日本人が中国の文化を理解するための常設窓口であり、両国間の文化交流を行うためのプラットフォームであり、相互理解と友好協力関係を促進する架け橋として展覧会、公演、講演会、中国と中国文化の教室、映画上映会などを行い、さらに中国に関する書籍、新聞雑誌、テレビ番組やインターネットなどの情報も提供している。

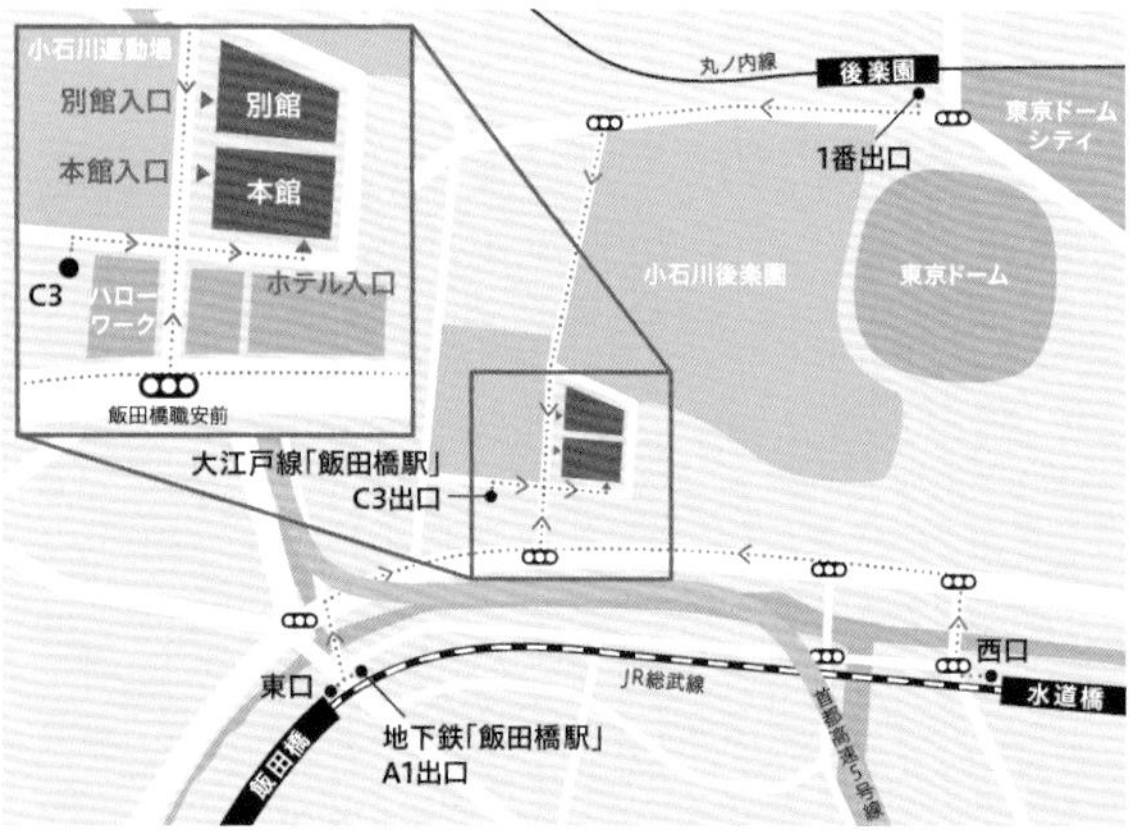

- 都営大江戸線・「飯田橋」駅 C3 出口より徒歩約 1 分
  JR 総武線、地下鉄東西線・有楽町線・南北線　「飯田橋」駅 A1 出口より徒歩 7 分
  地下鉄丸ノ内線「後楽園」駅より徒歩 10 分
- 所在地 : 東京都文京区後楽 1 丁目 5 番 3 号
- TEL :03-3811-5317（代表）
- URL:http://www.jcfc.or.jp/
  美術館や大ホール、会議室の貸出しも行っています。お気軽にお問い合わせください。

6 公益財団法人　日中友好会館

日中友好会館は日中民間交流の拠点として、中国人留学生の宿舎「後楽寮」の運営、日中青少年交流、文化交流、中国語教育・日本語教育を行う日中学院など、さまざまな事業を展開している。日中関係の一層の発展に寄与するため、両国間の記念行事や中国要人の歓迎行事などにも積極的な協力を行っている。

「日中友好後楽会」は、（公財）日中友好会館の賛助組織であり、日中友好会館にある「後楽寮」に住む中国人留学生との親睦を深めるさまざまなイベントを開催し、年 1 回の中国旅行も行っている。
※賛助会員になり、中国留学生と交流しませんか？ ご興味がある方は、下記までご連絡ください。

【後楽会事務局】TEL: 03-3811-5305
E-mail: kourakukai@jcfc.or.jp

7 清アートスペース / 日中芸術交流協会

清アートスペースは 2017 年 6 月六本木に設立し、2021 年より四ツ谷に新しいスペースを構えて移転した。

企画展、イベントなどを開催し、アートの新たな可能性と地域との繋がりを広める活動をしてきた。アジア現代美術に焦点を絞り、交流事業のコーディネーション、アーカイブ資料の整理や学術的調査研究なども行っている。一方、若手新進アーティストの支援プロジェクトを実施し、グローバル情報発信やアートと社会との繋がりを築くように努めている。

一般社団法人日中芸術交流協会（JCA）は 2018 年に清アートスペースの代表者関藤清氏によって設立された。当協会は芸術や文化的交流を通じて、日本と中国の相互理解を深めることを目的とし、日中芸術の共栄促進を図っている。各国文化・芸術界で文化推進のために活躍している学者や研究者などの集まりの場となっている。

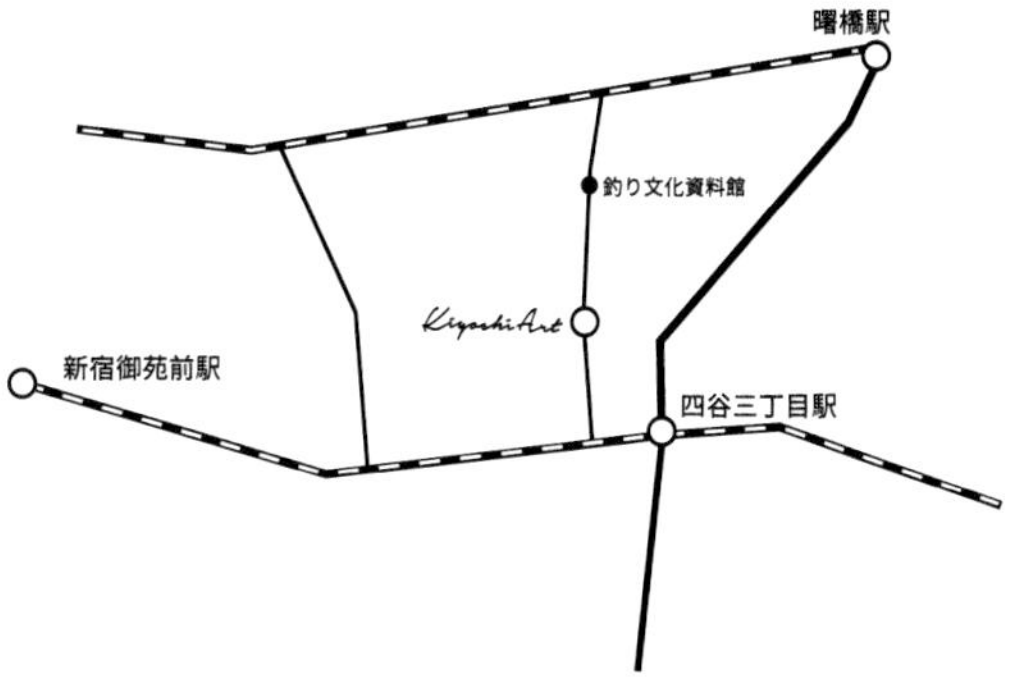

東京都新宿区愛住町 8–16　清ビル
TEL:03-6432-9535
FAX:03-6432-9536
E-mail:info@kiyoshi-art.com
URL: www.kiyoshiart.com
開館時間 : 水曜日 ~ 日曜日　11:00~19:00
休館日 : 月曜日・火曜日

8 多元文化会館

多元文化会館は、東京六本木にある文化交流のための展示・イベントスペースである。当施設は、1 階常設展スペース、2 階多目的ホール、地下 1 階公演ホール、各階の収容人数が最大 120 人、様々な行事やイベントの開催が可能。日中間交流に関わるイベントに限らず、様々な文化の多元性を伝える展覧会や講演会などにも利用いただける。展示だけでなく販売や飲食も可能な文化拠点として、多くの方が集える場を提供している。

利用目的としては講演会、会議、文化教室、各種展示会、販売会、公演、オークション会、コンサート、懇親会などに使用が可能。

所在地 : 〒 107-0052
東京都港区赤坂 6-19-46　TBK ビル 1-2 階
TEL:03-6228-5659
URL:https://tagenbunka.com/
開館時間 :10 時 ~19 時
休館日 : 月曜日、祝日
入場料 : 各イベントによって異なる
※予約には利用申込書が必要ですので、詳しくはホームページをご覧ください。

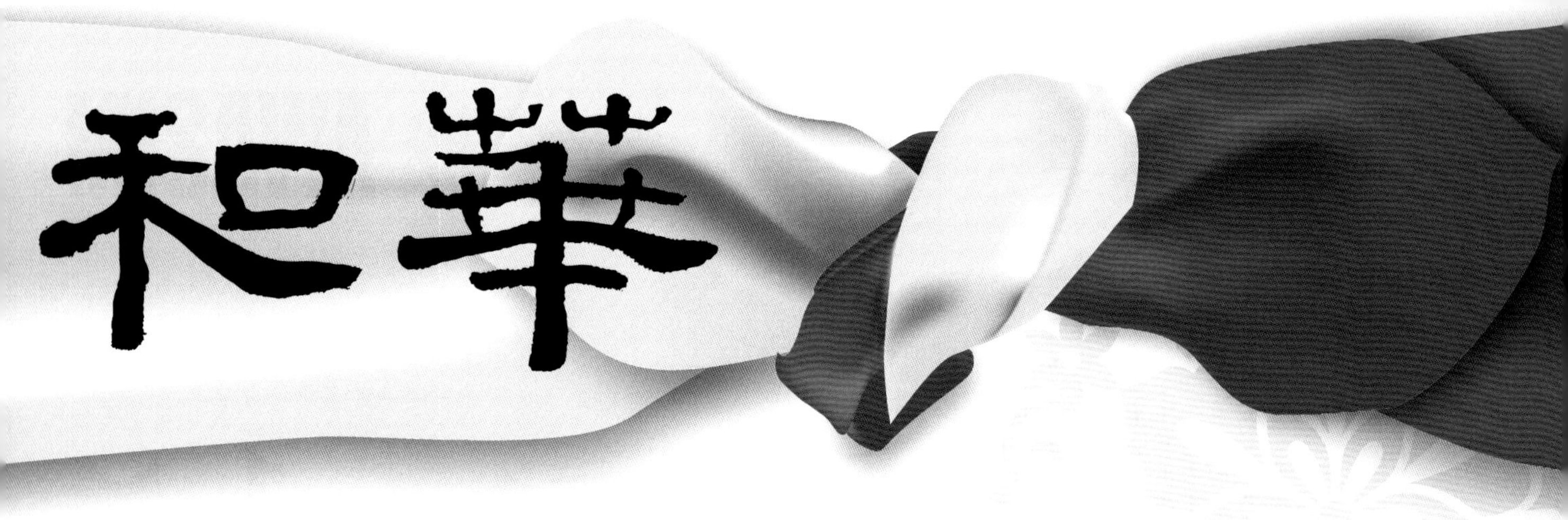

草の根外交を目指し、
日中「平和」の「華」を咲かそう！

小誌『和華』は2013年10月に創刊された季刊誌です。『和華』の「和」は､「大和」の「和」で､「華」は､「中華」の「華」です。また、「和」は「平和」の「和」でもあり、「華」は、美しい「華」(はな)です。『和華』の名前は、日中間の「和」の「華」を咲かせるという意味が含まれています。その名の通りに、小誌『和華』は、どちらにも偏らず、日中両国を比較することによって、両国の文化発信、相互理解と友好交流を目指します。

第38号（2023.7）

第30号（2021.7） 第31号（2021.10） 第32号（2022.1） 第33号（2022.4） 第34号（2022.7） 第35号（2022.10） 第36号（2023.1） 第37号（2023.4）

第22号（2019.7） 第23号（2019.10） 第24号（2020.1） 第25号（2020.4） 第26号（2020.7） 第27号（2020.10） 第28号（2021.1） 第29号（2021.4）

第14号（2017.4） 第15号（2017.10） 第16号（2018.1） 第17号（2018.4） 第18号（2018.7） 第19号（2018.10） 第20号（2019.1） 第21号（2019.4）

第6号（2015.4） 第7号（2015.7） 第8号（2015.10） 第9号（2016.1） 第10号（2016.4） 第11号（2016.7） 第12号（2016.10） 第13号（2017.1）

書店、電話、メール、購読サイト、QR で注文を承ります。
ご不明な点はお気軽に問い合わせください。
Tel:03-6228-5659　Fax:03-6228-5994
E-mail: info@visitasia.co.jp

https://www.fujisan.co.jp/

購読申込書とアンケートに必要項目をご記入後、切手を貼って、郵便ポストにご投函ください。
※ハガキの切手代はご負担でお願いいたします。

『和華』購読申込書

バックナンバー購読

『和華』第（　　　）号
の購読を申し込みます。

新規年間購読

『和華』第（　　　）号
から年間購読を申し込みます。

受取人名

送り先住所
〒　－

領収書宛名
（ご希望の場合）

お電話番号
－　－

メールアドレス

通信欄（ご連絡事項・ご感想などご自由にお書きください）

『和華』アンケート

第 39 号 特集「境界をこえる工藝」
※該当する項目にチェックをつけてください。

1. 本号の発売、記事内容を何で知りましたか？
□書店で見て　□ホームページを見て
□ Facebook で見て　□他の新聞、雑誌での紹介を見て
□知り合いから勧められて
□定期 / 非定期購読している
□その他

2. 本誌を購読する頻度は？
□定期購読　□たまたま購読　□今号初めて

3. 今月号をご購入するきっかけとなったのは？
□表紙を見て
□記事をみて（記事のタイトル：　　　）

4. 今月号で好きな記事を挙げてください。
□特集（　　　）
□特集以外（　　　）

5. 今月号でつまらなかった記事を挙げてください。
□特集（　　　）
□特集以外（　　　）

6. 今後どのような特集を読んでみたいですか？
（　　　）

7.『和華』に書いてほしい、または好きな執筆者を挙げてください。
（　　　）

あなたのバックナンバー１冊抜けていませんか？

お問い合わせ：
株式会社アジア太平洋観光社
〒107-0052 東京都港区赤坂 6-19-46
TBK ビル 3F
TEL：03-6228-5659
FAX：03-6228-5994

郵便はがき

107-0052

ここに切手を貼って下さい

東京都港区赤坂 6-19-46
TBK ビル 3F
アジア太平洋観光社（内）
日中文化交流誌『和華』編集部
購読係　行

お名前（フリガナ）
年齢　　歳（男・女）　ご職業
ご住所
電話番号　　−　　−
ご購読新聞名・雑誌名

郵便はがき

107-0052

ここに切手を貼って下さい

東京都港区赤坂 6-19-46
TBK ビル 3F
アジア太平洋観光社（内）
日中文化交流誌『和華』編集部
読者アンケート係　行

お名前（フリガナ）
年齢　　歳（男・女）　ご職業
ご住所
電話番号　　−　　−
ご購読新聞名・雑誌名

和華 waka

第39号

特　集　境界をこえる工藝

監　修	劉　為傑
	王　苗
発行人	劉　莉生
和華顧問	高谷　治美
企画監修	高橋　克三
編集長	孫　秀蓮
編集デスク	重松　なほ
デザイナー	鄭　玄青
編　集	井上　正順
校　正	Woman Press
アシスタント	孟　瑩
	陳　晶
執　筆	瀬野　清水
	加藤　和郎
	佐藤　憲一
	竹田　武史
カメラマン	青　城
題　字	李　燕生（北京大学歴史文化資源研究所金石書画研究室主任）

定価:850円（本体 773円）
『和華』第 39 号 2023 年 10月18 日　初版第一刷発行
発行:株式会社アジア太平洋観光社
住所:〒107-0052
東京都港区赤坂6-19-46 TBKビル3F
Tel:03-6228-5659
Fax:03-6228-5994
E-mail: info@visitasia.co.jp

発売:株式会社星雲社（共同出版社・流通責任出版社）
住所:〒112-0012　東京都文京区水道1-3-30
Tel:03-3868-3275

印刷:株式会社グラフィック

ISBN978-4-434-32742-1　C0039